Lui, président

Corentin Dautreppe, Clément Parrot, Maxime Vaudano

Lui, président

Que reste-t-il des promesses de François Hollande ?

ARMAND COLIN

Illustration de couverture : Henri-Olivier

Maquette intérieure : Marie Léman, fabricante

Mise en page : Soft Office

© Armand Colin, 2016

Armand Colin est une marque de
Dunod Éditeur, 11 rue Paul Bert, 92247 Malakoff

www.armand-colin.com

ISBN 978-2-200-61440-9

Sommaire

Introduction

« Moi président de la République, je ne serai pas le chef de la majorité, je ne recevrai pas les parlementaires de la majorité à l'Élysée.

Moi président de la République, je ne traiterai pas mon Premier ministre de collaborateur.

Moi président de la République, je ne participerai pas à des collectes de fonds pour mon propre parti, dans un hôtel parisien.

Moi président de la République, je ferai fonctionner la justice de manière indépendante, je ne nommerai pas les membres du parquet alors que l'avis du Conseil supérieur de la magistrature n'a pas été dans ce sens.

Moi président de la République, je n'aurai pas la prétention de nommer les directeurs des chaînes de télévision publique, je laisserai ça à des instances indépendantes.

Moi président de la République, je ferai en sorte que mon comportement soit en chaque instant exemplaire.

Moi président de la République, j'aurai aussi à cœur de ne pas avoir un statut pénal du chef de l'État ; je le ferai réformer, de façon à ce que si des actes antérieurs à ma prise de fonction venaient à être contestés, je puisse dans certaines conditions me rendre à la convocation de tel ou tel magistrat ou m'expliquer devant un certain nombre d'instances.

Moi président de la République, je constituerai un gouvernement qui sera paritaire, autant de femmes que d'hommes.

Lui, président

Moi président de la République, il y aura un code de déonto-logie pour les ministres, qui ne pourraient pas rentrer dans un conflit d'intérêts.

Moi président de la République, les ministres ne pourront pas cumuler leur fonction avec un mandat local, parce que je considère qu'ils devraient se consacrer pleinement à leur tâche.

Moi président de la République, je ferai un acte de décentralisa-tion, parce que je pense que les collectivités locales ont besoin d'un nouveau souffle, de nouvelles compétences, de nouvelles libertés.

Moi président de la République, je ferai en sorte que les parte-naires sociaux puissent être considérés, aussi bien les organisations professionnelles que les syndicats, et que nous puissions avoir régulièrement une discussion pour savoir ce qui relève de la loi, ce qui relève de la négociation.

Moi président de la République, j'engagerai de grands débats – on a évoqué celui de l'énergie, et il est légitime qu'il puisse y avoir sur ces questions-là de grands débats citoyens.

Moi président de la République, j'introduirai la représentation proportionnelle pour les élections législatives, pour les élections non pas de 2012, mais celles de 2017, car je pense qu'il est bon que l'ensemble des sensibilités politiques soient représentées.

Moi président de la République, j'essaierai d'avoir de la hauteur de vue, pour fixer les grandes orientations, les grandes impulsions, mais en même temps je ne m'occuperai pas de tout, et j'aurai toujours le souci de la proximité avec les Français.»

Vous vous en souvenez sans doute aussi bien que lui. Mercredi 2 mai 2012, lors du débat présidentiel de l'entre-deux-tours contre Nicolas Sarkozy, la vie politique de François Hollande bascule. Vers 23 heures 15, après deux heures d'échanges tendus, le candidat se lance dans une anaphore qui va sceller la victoire présidentielle de la gauche.

Introduction

« *Moi président de la République...* » À quinze reprises, le candidat socialiste revient à la charge contre le président sortant, qui reste sans voix. À aucun moment Nicolas Sarkozy ne l'interrompt, comme s'il craignait de briser l'incantation magique d'un étrange rituel de passation de pouvoir.

L'anaphore ne fait pas basculer l'opinion – tous les sondages donnent déjà gagnant le candidat socialiste – mais elle bouleverse le destin politique de l'ancien premier secrétaire du PS. Cette litanie des « Moi président » grave dans l'esprit des Français l'image d'un homme qui prend des engagements, caricaturé en « Moi je » par ses opposants. En dessinant les contours de sa présidence, en tentant de réhabiliter la confiance dans la promesse politique, tout en donnant des leçons à son adversaire, François Hollande tend le miroir qui va un jour ou l'autre se retourner contre lui. Le « Moi président » se mue rapidement en un « Lui président » condamné à voir ses paroles de candidat confrontées à ses actes de président. La formule d'apparence tautologique qui accompagne les 60 engagements qu'il envoie dans la boîte aux lettres de chaque Français – « *Ce sont mes engagements. Je les tiendrai.* » – prend une résonance particulière dans un contexte de défiance aiguë à l'égard de la parole politique.

La tentation est trop forte pour de jeunes journalistes. Le 15 mai 2012, jour de l'entrée en fonction du président Hollande, nous créons un site web baptisé « Lui Président[1] » avec un seul objectif : suivre pendant cinq ans la réalisation, ou le reniement de chacun des engagements de campagne du candidat socialiste.

À l'époque, l'initiative ne pose guère question. L'attente et le scepticisme semblent si forts autour du nouveau président qu'il paraît absolument normal que des vigies s'installent pour surveiller ce mandat confié par 51,64 % des Français. La difficulté des médias à dresser le bilan de Nicolas Sarkozy à la fin de son mandat ne pouvait que nourrir ce projet.

Mais plus le temps passe, plus le doute s'installe. Les références au programme de 2012 se font plus rares, des événements inattendus (guerres, mouvements sociaux, attentats, crises européennes) prennent le dessus sur les engagements de campagne, l'actualité est nourrie de choix politiques différents des orientations annoncées ou attendues pendant la campagne présidentielle. Certains s'en réjouissent, heureux que le président se détache d'un carcan de campagne qu'ils jugent mauvais. D'autres y voient la confirmation de la trahison qu'ils ont annoncée depuis longtemps. Mais, au fond, chacun réagit à la politique menée par le gouvernement en fonction du sentiment qu'elle lui inspire, et non du point de vue du respect de la parole donnée. Petit à petit, tout le pays se réinstalle dans l'idée, terrible pour notre démocratie, que « *les promesses n'engagent que ceux qui les écoutent*[2] ».

Alors nous avons voulu comprendre. Pourquoi notre pays vit-il dans un oscillement permanent entre la profusion des promesses des responsables politiques au moment de l'élection présidentielle et le constat désespéré de leur incapacité à les tenir une fois arrivés au pouvoir ? Ce constat est-il justifié ou créé de toutes pièces par un solide scepticisme politique ?

Suivre le destin de chacune des promesses électorales de François Hollande ne suffit pas. Il nous faut saisir pourquoi certaines ont abouti quand d'autres ont été précipitées dans les oubliettes de l'histoire. Est-ce le résultat d'une trahison cynique et consciente du président ? La faute de son entourage, de ses ministres, de l'opposition, des lobbies ? A-t-il vraiment essayé, ou renoncé faute de courage politique ?

Pour cela, il faut sortir des idées préconçues sur l'absence d'éthique des responsables politiques. Identifier les points de blocage et déterminer les véritables responsabilités de chacun. Découvrir pourquoi certains engagements tenus ne sont pas salués à leur juste valeur et pourquoi certains reniements laissent tant de trace. Objectif : approcher, en fin de quinquennat, un bilan honnête de la «présidence normale». Un état des lieux délesté du miroir grossissant des polémiques et postures politiciennes des uns et des autres, qui finissent bien souvent par se résumer à une confrontation stérile entre le «*ça va mieux*» présidentiel et le catastrophisme de ses opposants.

Pour rendre compte de ce voyage sur les sentiers tortueux de la promesse, nous avons décidé de nous plonger dans l'esprit de six personnages qui ont chacun leur idée sur le rôle de l'engagement électoral, et sur la façon dont François Hollande s'est positionné par rapport aux siens. La première, jeune sympathisante de gauche, est paradoxalement d'autant plus déçue par le quinquennat qu'elle ne jugeait pas le projet de 2012 assez ambitieux. Le deuxième, vieux compagnon de route du président, se demande si les raisons de la désaffection ne sont pas à chercher dans la façon dont le programme a été conçu pendant la campagne. La troisième, ministre pendant une bonne partie du quinquennat, a observé de près la machinerie politique se mettre en branle pour concrétiser, ou au contraire bloquer, les engagements de campagne. Le quatrième, conseiller proche de François Hollande, a appris à quel point il est difficile d'atteindre ses objectifs dans une réalité où tout ne dépend pas de la volonté du président. Le cinquième, député de droite, reproche aux socialistes de s'être laissé piéger par des promesses inconséquentes et d'avoir perdu de vue leurs engagements essentiels. Le sixième, un certain François Hollande, s'interroge sur ses erreurs et ses succès, et sur le bilan qu'il va laisser après cinq ans au pouvoir.

Expurgé de la langue de bois et des caricatures, chacun de ces récits est fictif, mais nourri des paroles de parlementaires, ministres, ex-ministres, conseillers, opposants, intellectuels, militants et simples citoyens qui nous ont confié leur propre perception du bilan du président Hollande. Toutes les citations qui leur sont nommément attribuées dans l'ouvrage sont, elles, bien réelles.

1

« François Hollande m'a déçue »

Enfin ! De partout, on convergeait sur la place de la Bastille, ce soir de mai 2012. Moi, je commandais pour la première fois une coupe de champagne dans un bar, tout à mon bonheur de fêter la première élection, de mon vivant, d'un président de gauche.

Dans la rue aussi il y avait de la joie, un peu d'alcool, des drapeaux bariolés, beaucoup de « bon débarras » adressés à Nicolas Sarkozy. De la liesse aussi, un peu, mais rien de comparable à ce dont m'avaient parlé mes parents à propos de 1981. Bien sûr, François Mitterrand était le premier président de gauche élu au suffrage universel direct et, la nostalgie aidant, je les soupçonnais d'avoir enjolivé le tableau. Reste qu'on était loin de toute hystérie, ce 6 mai 2012, pour célébrer la victoire de François Hollande.

Personnellement, j'étais plutôt Montebourg. C'était en tout cas pour lui que j'avais voté lors de la primaire socialiste. Pourquoi s'était-il rallié à Hollande plutôt qu'à Aubry ? « *Calcul politicien, pour s'offrir un ministère* », avait analysé un ami de fac en faisant l'important. J'étais plutôt d'accord. Et un peu déçue.

Malgré tout, j'ai glissé un bulletin Hollande dans l'urne au premier tour de la présidentielle. L'important était qu'on ait un président de gauche : cela ne pouvait pas faire de mal après cinq années éprouvantes de sarkozysme et dix ans de droite au pouvoir. Et quand, tout au bout de la place de la Bastille, minuscule sur son estrade, Hollande prévenait qu'il faudrait « *réparer, redresser, rassembler* » après « *des années et des années de blessure* », j'y croyais moi aussi.

Et maintenant, le changement

Ne me prenez pas pour une naïve. Je n'ai jamais pensé que 2012 serait le grand soir pour la gauche. Loin du « changer la vie » de Mitterrand, on était prévenus : malgré un slogan ambitieux, « le changement, c'est maintenant », François Hollande avait fait preuve de prudence dans ses engagements tout au long de la campagne. C'est peut-être ce qui a expliqué l'absence d'état de grâce lors des premiers mois.

En attendant, il serait injuste d'oublier qu'au début, tout n'était pas si mal parti. Pendant que les grincheux inauguraient le Hollande bashing, mes amis hollandophiles cochaient avec soin les promesses tenues parmi ses engagements de campagne.

Il y a d'abord eu le quinquennat Sarkozy à réparer, dans le style comme dans la pratique du pouvoir. François Hollande avait suscité un immense espoir à gauche en étrillant son adversaire avec ses « *Moi président de la République…* ». Une fois élu, il a baissé de 30 % sa rémunération, celle du Premier ministre et de tous les membres du gouvernement. Même si cela restait de l'ordre du symbole, l'intention était louable, d'autant que l'une des premières mesures de son prédécesseur avait été de s'augmenter généreusement de 172 %.

Avec Jean-Marc Ayrault, il a composé, pour la première fois dans l'histoire française, un gouvernement parfaitement paritaire : 17 femmes pour 17 hommes. C'est vrai, seule Christiane Taubira s'est vu confier un ministère régalien, celui de la Justice, mais c'était déjà pas mal – et la parité gouvernementale a perduré tout au long du quinquennat.

Au fil de l'été, le gouvernement Ayrault supprimait les grands symboles de l'ère sarkozyste : la retraite à taux plein dès 60 ans a été rétablie pour ceux qui avaient commencé à travailler très jeune[1] ; la révision générale des politiques publiques (RGPP) – cette règle bornée instaurée par Sarkozy de non-remplacement d'un fonctionnaire sur deux partant à la retraite, a été arrêtée, et les 60 000 nouveaux professeurs ont commencé à être recrutés ; la circulaire Guéant, qui restreignait la liberté de travailler en France pour les étudiants étrangers, a été abrogée ; de même que la défiscalisation des heures supplémentaires, la TVA sociale et le droit d'entrée à l'aide médicale d'État pour les étrangers.

Il y avait également toutes les mesures de gauche martelées durant la campagne, qui furent elles aussi rapidement adoptées : la revalorisation du Smic[2] et de l'allocation de rentrée scolaire, l'encadrement des hausses de loyers puis, un peu plus tard, la baisse du plafond du quotient familial pour les ménages les plus aisés. Tout cela était conforme à ce pour quoi j'avais voté : plus d'égalité, plus de justice, plus d'humanité.

Je garde un souvenir plus nuancé du mariage et de l'adoption pour les couples homosexuels. À mon sens, François Hollande n'a clairement pas soutenu cette promesse autant qu'il aurait pu. Il n'y a qu'à voir les confidences lâchées par ses proches sur ses réserves personnelles[3], sa déclaration sur la *« liberté de conscience des maires »* pour célébrer les unions homosexuelles, ou le temps qu'il lui a fallu pour lancer la réforme.

Certains estiment au contraire qu'aller trop vite aurait fait courir le risque de crisper la société. *« Au moment où François Hollande a vu que le débat serait tendu, je crois qu'il voulait accélérer, mais que ce sont les parlementaires qui ont voulu prendre leur temps[4] »*, confie ainsi Gilles Bon-Maury, l'ancien président de l'association Homosexualité et socialisme, proche du PS, passé ensuite par le cabinet de Najat Vallaud-Belkacem.

Quoi qu'il en soit, j'ai le sentiment que François Hollande ne s'est pas suffisamment investi dans le débat. Et je ne suis pas la seule. «*Alors même qu'il y avait des gens dans la rue, un débat fort dans le pays, il n'a jamais pris la parole pour faire de la pédagogie !*[5]», acquiesce le député de droite Franck Riester, qui était favorable à la loi. Je me disais qu'il était dans une logique de prise de hauteur présidentielle… Jusqu'à ce qu'il consacre, à l'automne 2013, une intervention télévisée complète à l'affaire Leonarda, du nom d'une jeune fille Rom expulsée vers le Kosovo après avoir été interpellée lors d'une sortie scolaire. «*Nous avons pendant des mois été insultées, conspuées, humiliées, alors que le silence du gouvernement, sa réticence à se dire fier de cette loi, permettaient à la Manif pour tous, aidée par une certaine complaisance médiatique envers les discours homophobes, de faire progresser ses troupes*», écrira plus tard la militante féministe et LGBT (lesbiennes, gays, bisexuels et transsexuels) Alice Coffin[6]. Un point de vue partagé par Gilles Bon-Maury qui estime que «*nous avons un peu perdu la bataille médiatique car le gouvernement n'a pas suffisamment défendu le projet dans les médias et les manifs, comme Simone Veil avait su le faire avec l'IVG, en 1974*».

Il ne faut pas être trop injuste : Hollande n'a pas reculé malgré l'ampleur de la mobilisation, et il faut porter à son crédit cette avancée pour les droits des homosexuels. D'ailleurs, rares sont ceux qui veulent aujourd'hui réellement revenir sur cette évolution positive pour l'ensemble de la société. Comme l'a dit plus tard le rapporteur PS de la loi à l'Assemblée, Erwann Binet, ce «*texte fédérateur a donné une identité à une majorité qui n'en avait pas beaucoup*», et «*on n'a jamais retrouvé cette ambiance, sur aucun texte depuis*[7]».

En revanche, je reproche à la gauche d'avoir baissé les armes contre la Manif pour tous sur la question de l'ouverture de la procréation médicalement assistée (PMA) aux lesbiennes. Comment le même gouvernement peut-il afficher tant de fermeté face aux exigences des syndicats sur la loi travail et reconnaître, par la voix de la ministre de la Famille, Laurence Rossignol, que *« les vociférations de la Manif pour tous ont tout paralysé »* sur la PMA, tout en expliquant que *« toute la gauche »* y est favorable[8] ?

Gare au bashing

François Hollande a commencé dès l'été à plonger dans les sondages d'opinion – plus de 10 points en un mois[9]. Dans les médias, l'anti-sarkozysme a laissé place au Hollande bashing. Les façades des kiosques ont vite été couvertes de unes aussi assassines que vendeuses. *Le Point* a attaqué dès le 17 mai avec un Hollande regardant sa montre enfilée à l'envers sur son poignet barré du titre *« Fini de rire »* ! Puis *L'Express* et *L'Obs* ont enchaîné à la rentrée avec *« Les "Cocus" de Hollande »* et *« Sont-ils si nuls ? »*. Sans parler des railleries sur les plateaux télé et les réseaux sociaux.

Les médias ont beau inspirer toujours plus de défiance, tout le monde a beau dire qu'on ne les écoute plus, ils n'ont pas moins contribué à la mise en place d'un climat pessimiste et moqueur. *« En juin 2012, alors qu'il était encore relativement populaire, ça le taillait déjà direct de partout !*, se rappelle le militant socialiste de toujours Alain Camilleri. *Il n'a pas été gâté par les médias, et on ne peut pas dire qu'il y ait eu de round d'observation… Cela laisse des traces. »* Je confirme : le traitement médiatique alors était totalement décorrélé de ce que faisait le gouvernement. C'était si injuste ! J'ai du mal à me souvenir ce qu'on pouvait tant reprocher à Hollande à l'époque…

Bon, il y avait bien eu quelques « couacs ». À commencer par le fameux tweet de Valérie Trierweiler soutenant Olivier Falorni, l'adversaire de Ségolène Royal, qui a parasité la campagne des législatives de juin 2012. Mais aussi les déclarations intempestives et parfois contradictoires des ministres, comme Cécile Duflot et Vincent Peillon qui réclamaient un débat sur la dépénalisation du cannabis, dont Hollande ne voulait pas entendre parler, ou Arnaud Montebourg qui présentait le nucléaire comme une « *filière d'avenir* » alors que la gauche avait promis de mettre le paquet sur les énergies renouvelables. C'étaient certes des accrocs au devoir de solidarité auxquels ils s'étaient engagés, mais ça restait anecdotique. Surtout quand on les compare rétrospectivement à la « cuvée du redressement » du couple Montebourg-Hamon ou aux transgressions d'Emmanuel Macron… Cela a surtout donné du grain à moudre aux accusations d'amateurisme proférées par la droite.

Sur le fond, il y a bien eu quelques anicroches dans les premiers temps. L'« agenda du changement », qui détaillait le calendrier des actions que Hollande promettait pour sa première année, a souffert de quelques retards et aménagements, comme la caution solidaire pour les jeunes (repoussée à 2013) ou l'augmentation du plafond du livret A (finalement moins forte que prévue[10]). Mais c'était, pensais-je alors, l'affaire de quelques mois, et je me considérais comme globalement satisfaite par le travail accompli.

Je n'étais pas plus échaudée par les petits renoncements symboliques pointés par les détracteurs de Hollande. Ne pas jouer au chef de parti en s'impliquant dans la campagne des législatives et en recevant les parlementaires à l'Élysée, ne pas accorder des interviews télévisées depuis le Château… Il a certes renoncé à ces bonnes intentions égrenées comme une antithèse à la pratique du pouvoir sarkozyste, mais était-ce vraiment crucial ? Objectivement, pas tellement.

Qu'il parle depuis l'Élysée ou depuis le studio d'une chaîne de télévision, tant qu'il parle avec sincérité… S'il n'avait pas formulé ces promesses, difficile de croire qu'on lui en aurait fait le reproche. Mais, dès lors qu'elles avaient été jetées dans l'espace public, voilà qu'elles se retournaient contre lui, utilisées par ses détracteurs comme autant de preuves supposées de son incapacité à tenir ses engagements. Malheureusement, cela a « imprimé » dans l'opinion, comme disent les sondeurs. Dès septembre 2012, la moitié des Français considéraient qu'il ne tenait pas ses promesses de campagne[11].

« *La violence de la désaffection est inversement proportionnelle à la faiblesse des promesses*, balance l'ancienne ministre du Logement Cécile Duflot[12]. *Parce que du coup les gens se disent : "il n'a même pas fait ça, et il a même fait le contraire !". Je crois que c'est une des explications du rejet dont il fait l'objet.* »

Premiers accrocs

Rétrospectivement, j'aurais pu avoir des doutes plus tôt. Il y a d'abord eu le sommet de Bruxelles en juin 2012, lors duquel Hollande a renoncé à renégocier le traité budgétaire européen concocté par le couple Sarkozy-Merkel. En pleine campagne, Hollande candidat avait affirmé que, si le peuple l'élisait, il aurait « *le devoir, l'obligation de renégocier ce traité parce que le peuple français en aura*[it] *souverainement décidé* ». Quelques mois plus tard, il a contraint la majorité à approuver le texte sans avoir modifié une seule virgule. Le député frondeur Pouria Amirshahi, qui a quitté le PS en 2016, raconte qu'au lendemain du vote, il a interpellé Hollande dans l'avion du retour d'un voyage au Sénégal. « *Je lui ai dit : "Tu ne peux pas raconter que tu l'as modifié : c'est le même". Il a tourné les talons et ne m'a pas répondu*[13]. »

Ce n'était qu'un nouvel épisode de la « *comédie de l'impuissance publique* » qui dure depuis trop longtemps, comme l'a souligné Arnaud Montebourg, dans une formule que j'affectionne, après avoir quitté le gouvernement : « *Tout président élu commence par aller faire ses génuflexions à Berlin puis à Bruxelles, enterrant en 72 heures ses engagements de campagne*[14]. »

Thierry Marchal-Beck, qui était président du Mouvement des jeunes socialistes (MJS) au début du quinquennat, estime, lui, que «*le premier renoncement par rapport à la campagne, qui intervient à une vitesse assez incroyable, est sur l'attestation du contrôle d'identité*[15]». Pour lutter contre le contrôle au faciès, «*il n'y a rien d'équivalent, pas d'autre mesure qui permette de faire en sorte que la personne qui est contrôlée puisse dire: "j'ai été contrôlé"*», selon Marchal-Beck[16].

Le Premier ministre Jean-Marc Ayrault semblait en phase avec lui quand, en juin 2012, il a été interrogé à la radio sur la mise en œuvre de la «*nouvelle procédure respectueuse des citoyens*» promise par le président pour lutter contre les contrôles au faciès: «*Oui, il y a un engagement présidentiel et effectivement il faut bien* [le] *comprendre* [...] *comme étant la mise en place de l'attestation de contrôle d'identité*[17]», un récépissé que les policiers seraient obligés de remettre à toutes les personnes contrôlées.

Une option pourtant écartée par Manuel Valls, alors ministre de l'Intérieur, à peine deux mois plus tard. Il l'a jugée «*beaucoup trop bureaucratique et lourde à gérer*», reprenant mot pour mot l'argumentaire des syndicats de policiers. Ayrault a bien tenté de sauver la promesse présidentielle, mais c'est son ministre qui a gagné la bataille. À la place du récépissé, Valls s'est contenté de mettre en place un vague «code de déontologie» des forces de l'ordre, qui est loin d'avoir prouvé son efficacité.

J'ai été encore plus choquée par le placement en rétention de deux enfants afghans dès septembre 2012 en Seine-et-Marne. Dans une promesse symbolique, François Hollande s'était pourtant engagé à «*refuser la rétention des enfants et des familles avec enfants*», prônant à la place l'assignation à résidence. Mais la circulaire concoctée pendant l'été 2012 par Manuel Valls, qui appelait à généraliser les solutions alternatives, ouvrait tout de même la voie à la rétention dans certains cas particuliers. Une brèche utilisée tout au long du quinquennat pour continuer à enfermer des enfants.

On peut faire le même constat sur les « *solutions alternatives* » que Hollande s'était engagé à proposer à toutes les familles de Roms en cas d'évacuation de leurs campements. La circulaire du ministère de l'Intérieur qui allait dans ce sens n'a été appliquée que très rarement par les préfets au cours du quinquennat[18], alors même que le nombre de camps évacués montait en flèche. Et je ne parle même pas des propos de Manuel Valls sur les Roms qui ont « *vocation à rentrer en Roumanie ou en Bulgarie* »...

C'est aussi à la rentrée de la même année que Valls a commencé à préparer le terrain pour l'abandon du droit de vote des étrangers aux élections locales, en jugeant qu'il n'était pas d'actualité. « *Est-ce que c'est aujourd'hui une revendication forte dans la société française ? Un élément puissant d'intégration ? Non. Ça n'a pas la même portée qu'il y a trente ans*[19]. » Dans ce cas, pourquoi Martine Aubry avait-elle dit un an plus tôt pendant la primaire qu'« *au PS, tout le monde* [était] *d'accord pour le droit de vote des étrangers* » ? François Hollande avait même parlé d'une « *dignité* » qui devait leur être reconnue sans délai[20] ! Je n'arrive toujours pas à comprendre comment le point de vue de Manuel Valls a finalement pu l'emporter.

Une étrange conception de l'ouverture de la France sur le monde, qui trouvera un écho bien plus tard lors de la crise des migrants. Pendant que la chancelière allemande Angela Merkel laissait entrer en Allemagne des centaines de milliers de réfugiés fuyant la guerre, nos gouvernants de gauche promettaient péniblement 30 000 places aux migrants arrivés par l'Italie et la Grèce.

Dans un autre registre, j'ai aussi assisté, médusée, à l'automne 2012, aux tâtonnements sur la taxe à 75 % sur les hauts revenus, une proposition qui m'avait enthousiasmée pendant la campagne, mais qui ne semblait plus convaincre grand monde au sein de la gauche arrivée au gouvernement. La majorité a fini par voter une taxe moins ambitieuse et temporaire[21], qui a en plus été encore amoindrie l'année suivante pour cause de censure par le Conseil constitutionnel.

En cette fin d'année 2012, il y aussi eu la désillusion du budget de la Culture, que le gouvernement a réduit de 4,3 % dans la loi de finances pour le budget 2013. On est effectivement loin du candidat socialiste qui annonçait vouloir « *sanctuariser, préserver, protéger* » le budget de la Culture.

Pour un gouvernement de gauche, c'est un reniement très symbolique. C'est d'ailleurs le premier de ceux qui seront égrénés par le Parti communiste dans une vidéo devenue virale à la fin 2012, dans laquelle le PCF parodiait la cérémonie des vœux de François Hollande en juxtaposant tous les discours de campagne du candidat socialiste et les reniements du gouvernement au cours de l'année écoulée. Le tout, accompagné de rires enregistrés moquant le président de la République. Sur le moment, j'ai trouvé cela scandaleux : je pensais qu'il fallait lui laisser du temps, comprendre la difficulté du contexte dans lequel il avait pris la tête du pays.

Mais la suite n'a pas vraiment donné tort aux sarcasmes des communistes.

Mon amie la finance

« *Mon ennemi, c'est le monde de la finance.* » Comme tout le monde, je me souviens de cette phrase prononcée lors du discours du Bourget, en pleine campagne. C'est même l'une des raisons qui m'a convaincue de voter Hollande. Beaucoup de gens se méprennent aujourd'hui sur ce slogan, en pensant qu'il était vide de sens. Mais, derrière ces mots, je me souviens d'engagements très précis. Il les a d'ailleurs répétés très clairement une fois à l'Élysée, au cours de sa première grande conférence de presse à l'Élysée.

À l'écouter, la réforme bancaire séparerait « *les activités de dépôt, de crédit, que les Français connaissent, qui les rassurent* » de celles « *liées à la spéculation, qui les inquiètent* », sur le modèle des réformes entreprises aux États-Unis et au Royaume-Uni.

Cela permettrait d'éviter que les difficultés des banques sur les marchés financiers ne se répercutent aux particuliers, comme on l'avait vu pendant la crise de 2008. La réforme interdirait aussi les *« produits toxiques »* et mettrait *« de l'ordre dans les rémunérations comme dans les bonus »* en vigueur dans le fameux monde de la finance. Le candidat du Bourget voulait aussi interdire les stock-options indécentes des grands patrons, empêcher les banques d'exercer dans les paradis fiscaux et proposer enfin une taxe sur les transactions financières européennes.

Malheureusement, le lobby bancaire est parvenu à dénaturer totalement ces bonnes intentions. Marylise Lebranchu, l'ancienne ministre de la Décentralisation, pense que *« le premier symptôme »* du renoncement, *« c'est la loi bancaire, et* [que] *c'est Pierre Moscovici qui lance ce mouvement dès le début*[22] *»*. C'est effectivement le directeur de campagne de Hollande que le lobby bancaire, inquiet, est allé voir avant l'élection pour le convaincre de renoncer à la séparation des activités ou, au moins, pour gagner du temps[23]. Les banquiers ont expliqué à l'équipe de campagne qu'il fallait *« privilégier collectivement le dialogue et le pragmatisme »* parce que *« le sujet est trop grave pour être abordé de manière précipitée et idéologique »*, comme je l'ai lu dans le livre *Mon amie, c'est la finance*[24]. Tu parles d'un baratin...

Coup de chance pour eux, c'est Moscovici qui est devenu ministre de l'Économie. Du coup, il a bien attendu le mois de décembre 2012 pour présenter sa réforme, alors que le candidat Hollande l'avait promise pour l'été. Le lobby bancaire avait visiblement besoin de temps pour peser sur la réforme et défendre ses intérêts. Et cela a porté ses fruits.

La liste des activités spéculatives retenue dans la loi a en effet été réduite à peau de chagrin, car il a été convenu d'isoler seulement les activités spéculatives *« dont on considère qu'elles ne sont pas utiles à l'économie »*. Soit à peine 3 % à 5 % des activités d'investissement, et moins de 1 % des revenus des banques, de l'aveu même du patron de la Société générale[25] ! Les banques ont réussi à plaider que tout le reste était utile au financement de l'économie, alors même que cela comprenait des activités à risque. On s'en mordra les doigts à la prochaine crise.

Le plus fort, c'est que la députée PS Karine Berger, rapporteure de la loi, était elle-même étonnée que les banquiers n'aient pas l'air gênés par cette réforme. « *Alors cela veut dire que 99 % de vos activités ne seront pas concernées par la loi ?* », s'étonnait-elle en auditionnant l'un de ces banquiers pendant la préparation de la réforme. Aujourd'hui, avec le recul, on le sait : la séparation bancaire n'a bien concerné que 1 % des activités de la Société générale et de la BNP Paribas, les deux géants bancaires français[26].

Marylise Lebranchu donne une explication très simple à cet épisode. Pierre Moscovici avait « *peur de faire perdre de l'importance à la place financière parisienne* » face à ses rivales européennes, qui seraient moins régulées. « *Mais, à la limite, cette place est-elle vraiment importante pour l'économie ? Ce n'est pas sûr…* »

Un ancien conseiller ministériel à Bercy m'a donné une version semblable : « *Cela faisait prendre un énorme risque aux champions bancaires français, mais surtout, cela ne servait à rien, car la séparation des activités n'empêche pas les crises.* » Un argument classique du lobby bancaire, qui peut s'entendre, ou au moins se discuter. Ce qui m'ahurit, en revanche, c'est quand il m'a dit que « *promettre la séparation était une manœuvre politique : aucun de ceux qui travaillaient là-dessus pendant la campagne de Hollande n'a jamais pensé que ça servait à quelque chose. Du coup, on s'est retrouvés à devoir faire un truc dont on pensait que c'était une connerie : c'est pour ça qu'on l'a fait petit…* »

C'est la même logique, à l'en croire, qui a conduit le gouvernement à renoncer à interdire le trading haute fréquence (THF), ces opérations boursières effectuées en quelques millisecondes qui menacent l'équilibre du système financier. «*Le faire en France seulement, c'est se tirer une balle dans le pied : vous perdez votre position et le THF continue partout ailleurs dans le monde.*» Et c'est la même faiblesse qui les a fait reculer sur la suppression des stock-options, l'encadrement des bonus[27] ou la limitation des salaires des patrons[28]. Qui a permis aux banques de continuer à exercer des activités dans les paradis fiscaux, à la seule condition de les déclarer. Quant à la taxe sur les transactions financières européennes, dont Hollande assurait qu'elle entrerait en vigueur dès 2013, elle est toujours perdue dans les méandres des négociations à Bruxelles[29].

Attention, virage dangereux

La fin des espoirs du Bourget fut pour moi un coup dur. D'autant qu'au même moment, sur la base du rapport Gallois sur la compétitivité[30], le gouvernement a pris le parti de la relance économique par une politique de l'offre, centrée sur les baisses de charge pour les entreprises, avec le crédit d'impôt pour la compétitivité et l'emploi (CICE). Un cadeau de 20 milliards aux entreprises, financé par une augmentation de la TVA.

Les orientations de ce pacte n'étaient pas celles que je m'imaginais avoir entérinées en accordant mon vote et mon soutien à François Hollande. Un ami hollandophile m'a bien rappelé plus tard que François Hollande avait déjà promis pendant la campagne[31] qu'un «*pacte productivité*» apporterait «*2,5 milliards d'euros d'aides à l'industrie et à la relocalisation et 2,5 milliards d'euros de soutien aux PME*», mais on était loin des 20 milliards – et surtout, il n'était pas clairement question de reconstituer les marges des entreprises.

Si certains de mes amis se sont réjouis de voir Hollande assumer la tonalité sociale-démocrate de son quinquennat, pour moi, ce pacte a tout de même représenté un tournant résolument plus libéral que ce qu'avait laissé entendre sa campagne. L'annonce de ces mesures a d'ailleurs surpris plus d'un militant. «*C'est en novembre 2012 qu'intervient le moment de la cassure, et c'est le CICE*, confirme Thierry Marchal-Beck. *Quand le rapport Gallois sort, je suis en réunion avec le MJS, et je dis à ce moment-là : "Ils ne sont pas fous, ils ne feront pas ça". Aujourd'hui ça m'est incompréhensible ; à force de ne pas vouloir y croire, je n'y avais pas cru.*» Le lendemain, le jeune militant n'a même pas regardé la conférence de presse lors de laquelle Jean-Marc Ayrault a présenté le pacte. À la place, le MJS a publié un communiqué de presse aux allures de début de fronde.

Cette orientation, François Hollande en est le premier responsable. «*C'est le président. C'est lui qui a choisi ses conseillers, c'est lui qui choisit sa manière d'exercer le pouvoir, ses gouvernements, ses ministres… À chaque fois qu'il a eu un choix à faire depuis le début, à chaque moment, il a toujours penché plutôt "sur sa droite"*», estime son ancienne ministre de la Culture, Aurélie Filippetti[32].

J'aurais pu finir par accepter ce plan par nécessité économique. D'autant que Pierre Moscovici avait parlé de contreparties sur «*la gouvernance des entreprises, sur les rémunérations et sur le civisme fiscal[33]*». Mais c'est quand le gouvernement a renoncé à ce donnant-donnant que je n'ai pas eu le cœur de le suivre : je ne pouvais accepter qu'on donne un tel chèque en blanc aux patrons. «*Hollande aurait très bien pu faire accepter au patronat des concessions, sur la rémunération des patrons, par exemple*, me raconte un ancien membre de son équipe de campagne. *Mais à la place, il s'est contenté de demander des négociations par branche pour annoncer combien d'emplois seraient créés grâce au CICE. Tout ça parce qu'il gère le Medef comme un groupe de pression, pas comme un interlocuteur.*»

Au lieu d'exiger des retours concrets en termes d'embauches et de salaires de la part des entreprises, François Hollande est allé encore plus loin. Avec le pacte de responsabilité, annoncé pendant ses vœux de 2014, il a transformé le crédit d'impôt provisoire du CICE en diminution pérenne et massive des cotisations sociales. Une nouvelle faveur aux entreprises de 40 milliards d'euros, financée par des économies budgétaires drastiques, en échange de promesses illusoires de création d'emplois. Qui pouvait croire au pin's « 1 million d'emplois » arboré partout par le patron du Medef Pierre Gataz ?

Sur le plan de la communication et des symboles, le gouvernement a encore libéralisé son image avec le remplacement à Bercy à l'été 2014 de l'apôtre de la démondialisation Arnaud Montebourg par Emmanuel Macron, à qui on a vite reproché d'avoir été banquier d'affaires chez Rothschild. Le nouveau ministre de l'Économie a concocté une loi qui a libéralisé les professions réglementées, le travail dominical, le transport en autocar et les prud'hommes. Ce n'était qu'un tour de chauffe avant la réforme du code du travail menée en 2016 par Myriam El Khomri, qui a remis les syndicats et les salariés dans la rue.

Inflexible courbe

Ne me prenez pas pour une dogmatique : j'étais prête à accepter beaucoup de choses, même contraires à mes convictions, si cela permettait au gouvernement d'obtenir des résultats sur le front de l'emploi. Mais, si des experts estiment que 120 000 emplois ont été sauvés ou créés grâce au dispositif du CICE[34], je ne vois qu'une chose : la fameuse courbe du chômage de François Hollande a continué à s'envoler mois après mois, malgré le volontarisme affiché.

« *À la fin, le doute vous saisit. On est militants, on a deux ou trois convictions, alors que François Hollande a été élu président de la République, il a fait de brillantes études, il a de l'expérience… On finit par se dire : "est-ce que ce n'est pas nous qui avons tort ?"*», se rappelle Thierry Marchal-Beck, franchement réfractaire aux orientations économiques du gouvernement. *Et puis là on vous dit: "inversion de la courbe fin 2013" et vraiment, chez moi comme chez d'autre, ça a été asséné avec une telle certitude que toute l'année 2013, je me disais qu'il devait y avoir quelque chose qui m'échappait. Il faut vraiment être pétri de certitudes pour dire "moi j'ai raison, eux ont tous tort"! Et puis on a envie d'avoir tort.»*

Il faut le dire, cette histoire de courbe du chômage est un fiasco, sur le fond comme sur la forme. Après l'avoir déjà évoqué vaguement pendant la campagne[35], le président de la République s'était fixé lui-même en septembre 2012 l'objectif d'inverser la courbe avant «*un an*». Combien de déclarations contradictoires n'a-t-on pas entendues pendant cette année 2013, à mesure que l'échéance s'approchait? En février, Hollande semble reculer en prévenant que «*l'année 2013 sera marquée par une progression du chômage*», avant de jurer trois mois plus tard: «*C'est un engagement que j'ai pris. Ce n'est pas une parole que j'ai prononcée en l'air.*» Je me demande s'il n'essayait pas davantage de se rassurer lui-même que de convaincre les Français...

Après avoir tenté de gagner du temps, François Hollande a finalement été contraint de reconnaître son échec au début de l'année 2014: «*Nous n'avons pas réussi en 2013 à faire diminuer le chômage.*» Mais ce n'était pas suffisant: à partir de 2015, il n'a eu de cesse d'affirmer qu'il ne serait pas candidat si le chômage ne baissait pas d'ici 2017.

Je dois avouer que je n'y croyais plus trop au printemps 2016 quand, pour la première fois depuis le début du quinquennat, le chômage a baissé deux mois de suite. Certains de mes amis y ont vu les premiers effets de la politique économique que j'ai tant critiquée.

Mais la courbe est repartie à la hausse au début de l'été et, avec 600 000 chômeurs sans aucune activité supplémentaire depuis le début du quinquennat, je me désole de constater que la France accepte tranquillement 3,5 millions de demandeurs d'emploi.

Cette montée irrésistible du chômage a conforté mon sentiment d'une impuissance des pouvoirs publics à relever les défis posés par la mondialisation et la financiarisation de l'économie. Un sentiment que j'ai développé en observant, désolée, l'épisode Florange, qui a contribué à décrédibiliser pour moi la parole donnée par François Hollande.

Florange, c'est le lieu de la stèle funéraire temporairement érigée par les ouvriers d'ArcelorMittal pour enterrer les « promesses de changement de François Hollande faites aux ouvriers et leurs familles ». Le 24 février 2012, le candidat socialiste, juché sur une camionnette de la CFDT, avait promis aux salariés des hauts fourneaux de Florange que, s'il était élu, il ferait voter une loi qui obligerait une grande firme à céder les sites viables dont elle ne voudrait plus, pour l'empêcher de les fermer brutalement en laissant des salariés sur le carreau. Et ce, à une dizaine de kilomètres d'un autre site sidérurgique, à Gandrange, fermé par ArcelorMittal en 2009 malgré les promesses de Nicolas Sarkozy.

Pendant plusieurs mois, ce feuilleton dramatique, qualifié par certains de « tragédie de la gauche[36] », a mis en lumière l'impuissance du gouvernement face aux grandes entreprises mondialisées comme ArcelorMittal. Dans un documentaire consacré au combat des salariés pour empêcher la fermeture du site, un syndicaliste résumera l'affaire : « *En fait, c'est Mittal qui donne le timing de la République[37].* » Conséquence : la terrible détresse des salariés, racontée, filmée, photographiée. Non seulement François Hollande n'aura pas fait mieux que Nicolas Sarkozy, mais lui, homme de gauche qui disait vouloir être « *le président de la justice en France* », n'a rien pu contre l'injustice.

Mal renseignés

L'*annus horribilis* 2015, avec les attentats et les réactions politiques qui ont suivi, a constitué pour moi un point de non-retour. Je ne sais pas si ce sont les circonstances tragiques ou l'approche de 2017, mais Hollande, Valls et les autres ont foncé à tombeau ouvert, en un an à peine, dans un discours sécuritaire que je ne pourrai jamais leur pardonner.

Cela a commencé au printemps 2015, avec la loi sur le renseignement. Un projet préparé bien avant les attentats de janvier, mais musclé et accéléré après les tueries de *Charlie Hebdo* et de l'Hyper Cacher, dans lequel la sécurité l'emportait sur les libertés publiques. «*On a été impressionnés de voir à quel point il était possible de renier ses propres promesses dès qu'il était question de lutte contre le terrorisme*, regrette avec le recul une porte-parole de l'association La Quadrature du Net, Adrienne Charmet. *On n'est pas du tout contre ce type de loi par principe. Mais si vous prenez par exemple le blocage sans autorisation judiciaire de sites accusés de faire l'apologie du terrorisme, autorisé en 2014, cela avait été proposé par Sarkozy après l'affaire Merah et la gauche l'avait alors rejeté en bloc, en disant que c'était n'importe quoi[38].*»

Il n'était pas seulement question de renforcer les moyens des services de renseignement pour réduire les risques d'attentats, mais de basculer dans une sorte de soupçon généralisé où les services de renseignement auraient, potentiellement, toute latitude pour surveiller qui bon leur semble. Plus besoin d'un juge, mais d'une simple décision du Premier ministre, pour surveiller les conversations téléphoniques ou électroniques de tout un chacun. La loi a aussi légalisé l'installation des fameux «IMSI-catchers», ces boîtes noires qui permettent d'aspirer toutes les communications dans un rayon donné — y compris des gens qui ont le seul tort de se trouver là au mauvais moment.

J'étais outrée et déçue que le gouvernement fonce dans la même direction que les États-Unis après les attentats du World Trade Center. Le sécuritarisme n'était pas étonnant pour un républicain américain comme George Bush. Mais de la part d'un gouvernement français de gauche, qui avait en plus le recul nécessaire pour constater les limites et excès de la stratégie américaine ? « *On s'est en plus retrouvés confrontés à une argumentation du genre : "si vous n'êtes pas avec nous, en gros c'est que vous êtes pro-terroristes"*, regrette encore Adrienne Charmet, en pointe dans le combat contre la loi renseignement. *Donc on avait face à nous un gouvernement de gauche qui considérait que défendre les libertés, c'est au mieux emmerder le monde, au pire être irresponsable.* » Moi, j'aurais voulu de l'apaisement, du réconfort, de l'unité nationale, un traitement des problèmes à la racine. Je ne retrouvais plus la défense inconditionnelle des libertés individuelles qui m'avait rapprochée du PS pendant le quinquennat de Sarkozy. Même si le contexte avait changé, je ne pouvais l'accepter. Pour la première fois du quinquennat, j'avais le sentiment d'être dans l'opposition, l'envie de démontrer mon désaccord.

La déchéance

Et puis il y eut le « serment de Versailles », ce discours prononcé au Congrès au lendemain des attentats du 13 novembre 2015 à Paris et à Saint-Denis, au cours duquel François Hollande a repris à son compte la vieille proposition de la droite et de l'extrême droite de déchoir les terroristes de leur nationalité française.

Les yeux ahuris fixés sur ma télé, j'entendais mon téléphone vrombir sur la table basse sous l'effet des alertes info des médias, pendant que dans ma tête tournaient en boucle ces mots prononcés par notre président : « *Nous devons pouvoir déchoir de sa nationalité française un individu condamné pour une atteinte aux intérêts fondamentaux de la nation ou un acte de terrorisme, même s'il est né français, je dis bien même s'il est né français, dès lors qu'il bénéficie d'une autre nationalité.»*

Pour être honnête, j'ai du mal à savoir pourquoi il a vraiment fait ça. A-t-il tenté maladroitement d'apaiser le pays en tendant la main à la droite, dans une logique de rassemblement, d'union nationale ? Ou voulait-il juste piéger ses opposants par pur calcul politicien ? Les Français étaient, c'est vrai, majoritairement favorables à la mesure[39], mais n'était-ce pas sous le coup de l'émotion ?

Cibler les binationaux plutôt que les autres alors que la France était déjà fracturée ? Instaurer la déchéance pour tous, au risque de créer des apatrides et de renier tous nos engagements internationaux et moraux ? Quelle que soit l'option choisie, les conséquences de cette mesure étaient désastreuses, pour une efficacité quasi nulle dans la lutte contre le terrorisme, de l'aveu même du gouvernement.

Gênée d'emblée par ce débat, je dois reconnaître que j'ai dû attendre plusieurs semaines avant de pouvoir poser des mots sur mon indignation. Je les ai trouvés dans les *Murmures à la jeunesse*[40] de Christiane Taubira, un petit livre publié quelques jours après sa démission retentissante.

« Puisque le message ne parle pas aux terroristes [...], qui devient, par défaut, destinataire du message ? Celles et ceux qui partagent, par totale incidence avec les criminels visés, d'être binationaux, rien d'autre. [...] C'est à tous ceux-là que s'adresse, fût-ce par inadvertance, cette proclamation qu'être binational est un sursis. Et une menace : celle que les obsédés de la différence, les maniaques de l'exclusion, les obnubilés de l'expulsion feront peser, et le font déjà par leurs déclarations paranoïaques et conspirationnistes, sur ceux qu'ils ne perçoivent que comme la cinquième colonne. »

Alors bien sûr, Hollande n'est pas allé jusqu'au bout. La fronde au sein de la gauche et les habiletés tactiques de la droite ont eu raison de cette mesure absurde, qui a été rangée aux oubliettes des réformes constitutionnelles à la toute fin du mois de mars 2016. Mais, comme le proclamait récemment Cécile Duflot, cela restera comme une tâche sur le quinquennat : « *C'est la fracture la plus grave et la plus profonde, parce qu'elle est morale. La déchéance était un sujet de mobilisation éthique et moral très fort pour la gauche quand Sarkozy l'avait évoqué en 2010, et là elle fait le contraire. Cela salit l'intégrité même de l'homme politique.* »

Pour moi, pour beaucoup à gauche, ce débat a eu l'effet d'une douche glacée. « *Il y a plein de militants autour de moi qui étaient à l'époque déjà en rupture avec le PS mais ne le disaient pas. La déchéance aura eu le grand mérite de mettre fin au deuil* », me raconte Thierry Marchal-Beck, l'ancien patron des Jeunes socialistes. Après la déchéance, « *un drap de tristesse a enveloppé la classe politique, et en particulier la gauche* », abonde le député (ex-PS) Pouria Amirashi.

Cette séquence a aussi eu pour mérite de clarifier la ligne politique d'un gouvernement où Christiane Taubira incarnait encore, à tort ou à raison, une forme de caution de gauche, après le départ de Montebourg, Hamon et Filippetti à l'été 2014. Son remplacement au ministère de la Justice par Jean-Jacques Urvoas, le rapporteur de la loi sur le renseignement, envoyait un signal très clair.

Pas nous ! Pas la gauche !

Puisque François Hollande a voulu montrer qu'il réformerait jusqu'au bout, il a poursuivi avec la loi travail, portée par la jeune ministre Myriam El Khomri. Pour moi, le premier problème était celui de la méthode. Où était passé le dialogue social cher à François Hollande, qui avait pourtant bien fonctionné au début du quinquennat?

Le gouvernement a mis le couteau sous la gorge des partenaires sociaux en présentant son avant-projet de loi le 17 février 2016. Il a fallu un coup de gueule des syndicats et le succès incroyable d'une pétition en ligne contre la loi, ouverte par la militante féministe Caroline de Haas, pour que le gouvernement daigne lancer une concertation plutôt que de n'en faire qu'à sa tête. Mes amis les plus «hollandais» ont beau jeu de répéter que les syndicats ont été concertés en amont du projet : ce qui compte, c'est que leur voix n'a pas été entendue. Même la CFDT, qui avait toujours accompagné les réformes de Hollande jusque-là, n'était pas satisfaite du premier texte.

Il y a bien sûr eu des aménagements dans le projet, sur les aspects les plus critiqués, mais comment peut-on parler de dialogue quand on voit que le gouvernement est passé en force avec le 49-3 pour couper court au débat dans sa propre majorité? Qu'il restait sourd aux critiques de la rue et tentait d'éteindre le mouvement spontané «Nuit Debout» qui s'était dans un premier temps fédéré en opposition à cette loi, en demandant aux manifestants d'évacuer chaque nuit la place de la République, à Paris?

Mais il y avait aussi le fond. Que le code du travail soit réformé et clarifié, comme le proposaient de nombreux intellectuels et experts, quelle bonne idée! Que le gouvernement fasse preuve d'«audace» en continuant à réformer lors de sa dernière année, tant mieux. Mais que le projet reprenne les revendications pro-flexibilité du Medef et qu'on entende dans la bouche du Premier ministre Manuel Valls que, pour encourager les embauches, il faut faciliter les licenciements, c'était trop.

Sous couvert de donner la priorité aux négociations collectives, la loi a aussi complètement inversé la hiérarchie des normes, ce qui signifie que, pour toute décision concernant la durée du travail (nombre maximum d'heures quotidiennes et hebdomadaires, temps de repos, congés payés ou majoration des heures supplémentaires), la primeur reviendra désormais aux accords d'entreprises, plutôt qu'aux accords de branche ou à la loi (qui fixe une durée légale de 35 heures, je le rappelle !).

Or, c'est prendre le risque de donner des moyens de pression énormes aux patrons pour imposer leurs desideratas dans les entreprises où les syndicats sont faibles, avec un chantage à l'emploi. Ce n'est pas moi qui le dit, mais le PS, qui s'était prononcé pour un rétablissement complet de la hiérarchie des normes (que la droite avait déjà mise à mal) dans son accord avec les écologistes en 2011, et encore dans la motion majoritaire de son congrès de Poitiers, à l'été 2015... « *Pas ça, pas nous, pas la gauche*[41] *!* », a alors crié Martine Aubry. Ou alors, si Hollande voulait prendre ce tournant, qu'il passe par le référendum, comme le lui a suggéré Montebourg !

Bien sûr, je n'étais pas totalement aveugle aux avancées sociales que contenait ce texte. Il y avait l'ouverture des congés payés dès l'embauche, le droit à la déconnexion numérique ou le compte personnel d'activité, censé rassembler au même endroit tous les droits à la formation et le compte prévention pénibilité des salariés. Mais cela n'effaçait pas le reste.

« *S'il y a débat, ça doit rester entre nous. Ton camp, c'est ton camp, et Hollande n'a pas que des défauts*, a bien tenté Alain Camilleri, militant historique de gauche. *Il a été à la hauteur pendant la période des attentats, il a été à la hauteur lors de la COP21 qui n'est pas une coquille vide, il a été bon dans la relation franco-allemande, quoi qu'en dise l'opposition. Là où il a péché, c'est sur la partie économique et la politique intérieure.* » Tout ne serait donc pas si sombre ? Je lui reconnais quant à moi d'avoir conservé une posture rassembleuse pour le pays, et d'avoir mis tous ses efforts à tenter de redresser la barre du pays sans trop sacrifier la justice et l'égalité.

En pleine insertion professionnelle, je ne pouvais être insensible aux mesures du gouvernement pour améliorer la condition des stagiaires ou revaloriser les bourses. J'étais aux premières loges pour juger de l'intérêt de la nouvelle caution locative, qui m'a permis de louer mon appartement sans l'aide de mes parents, et de l'encadrement des loyers parisiens[42], qui m'a permis de baisser le mien. Mes copains de l'Unef avaient beau râler sur le fait que l'allocation universelle d'études[43] n'avait pas été concrétisée, il était injuste de dire que la gauche n'avait rien fait pour la jeunesse.

J'étais aussi heureuse de voir que, malgré les critiques des écolos, le gouvernement avait enfin instauré une taxe carbone, mis sur les rails la réduction du nucléaire avec la loi de transition énergétique, et tenu bon sur l'interdiction des OGM et du gaz de schiste – ce que la droite n'aurait surement pas fait. J'étais aussi favorable à la politique pénale de la garde des Sceaux Christiane Taubira, qui a supprimé les peines planchers de Sarkozy et promu les alternatives à la prison, comme la peine de probation[44].

Malgré tout, les chocs ont été nombreux, les espoirs souvent déçus et la désillusion persistante. Je ne suis pas sûre d'avoir voté pour ce quinquennat, ni même d'avoir bien fait de me réjouir en entonnant à plein poumons la Marseillaise, ce soir de mai 2012 à la Bastille.

2

« J'ai conçu le programme présidentiel »

J'ai toujours rêvé de présider aux destinées de mon pays. Même à la marge, dans l'ombre. Rouage minuscule mais si possible essentiel du pouvoir. Longtemps, j'ai cru avoir fait le mauvais choix en misant sur François Hollande. Au nom de notre vieille amitié, je l'ai accompagné à partir de 1997 au PS. J'ai vécu avec lui le traumatisme de 2002 et l'échec de Ségolène Royal en 2007. Je ne l'ai pas lâché pendant sa traversée du désert, alors que d'autres écuries plus prometteuses me tendaient les bras.

J'étais parmi les 400 fidèles qui l'entouraient, un jour de l'été 2009 à Lorient, lorsqu'il a lancé sa longue marche vers l'Élysée. L'un de ceux qui, séduits par son intelligence, sa confiance en sa propre destinée, refusaient de rire sous cape. J'ai enduré avec lui les railleries sur le « monsieur 3 % » dans les sondages, ce candidat que personne ne prenait au sérieux, jusqu'à ce que son destin ne bascule au mois de mai 2011, avec le crash de la fusée Dominique Strauss-Kahn dans une chambre d'hôtel new-yorkaise. Jusqu'à ce qu'il finisse par remporter la primaire face à Martine Aubry, puis le duel face à Nicolas Sarkozy.

Aujourd'hui nous voilà, après bientôt cinq ans d'exercice du pouvoir, incapables de nous débarrasser de cette sensation d'avoir été sans cesse ballotés, secoués, essorés par l'actualité, les imprévus, les polémiques, les drames. Mes enfants n'arrêtent pas de me dire que mes cheveux ont blanchi depuis 2012, quand nous pensions avoir tout maîtrisé, tout prévu, tout préparé pour ne pas manquer ce retour de la gauche aux responsabilités. Nous voulions être à la hauteur de la tâche. Moi, j'étais au cœur du dispositif, aux premières loges pour construire le plan de bataille. Quoi de plus exaltant que de rédiger, avec le futur président, les « 60 engagements pour la France » qui allaient guider son quinquennat ?

J'aurais pourtant dû me méfier. Il y avait tant d'attentes, de demandes, d'exigences à satisfaire. N'allez pas imaginer que l'on s'est mis un soir sur un coin de table pour écrire tout ce qui nous passait par la tête. Il était impossible de partir d'une page blanche. Il a fallu commencer par composer avec les volumes de programmes stockés dans les placards de la rue de Solférino, et servir en toutes circonstances un sourire poli et une oreille attentive à ceux qui venaient frapper à notre porte.

L'héritage socialiste

Il paraît qu'une présidentielle est avant tout la rencontre d'un homme et d'un peuple. Peut-être. L'image d'Epinal est séduisante, mais François ne pouvait se couper de l'héritage de sa famille politique. Il avait beau clamer – exercice obligé – qu'il n'était *« pas le candidat d'un parti »*, il avait été désigné présidentiable à l'issue d'une primaire, et ne pouvait ignorer complètement le projet présidentiel du PS.

Ce programme, adopté par tous les socialistes au printemps 2011, avait été échafaudé par Guillaume Bachelay, proche à l'époque de la première secrétaire Martine Aubry, comme une synthèse des idées des différents courants du parti. Et pas question de passer outre : la logique de rassemblement devait prévaloir, après des primaires nécessairement clivantes. Nous avons donc repris les trois quarts des propositions mises sur la table.

Certaines d'entre elles, des totems inscrits dans l'ADN de la gauche, ne faisaient pas débat. C'était le cas du droit de vote des étrangers, déjà dans le programme de Mitterrand en 1981, ou de l'allocation universelle d'études, réclamée depuis des années par l'Unef, syndicat étudiant qui sert encore souvent de pouponnière aux futurs cadres socialistes. Deux mesures promises depuis si longtemps qu'on a fini par oublier de les mettre en œuvre pendant le quinquennat...

Il y avait aussi, bien sûr, le mariage homosexuel, qui s'était imposé depuis quelques années comme une évidence au sein du PS. Proposée pour la première fois par DSK en 2004, dans la foulée du faux mariage gay célébré par Noël Mamère à Bègles, l'idée avait à l'époque provoqué une belle cacophonie au PS, et gêné aux entournures François Hollande qui était alors premier secrétaire. Mais elle s'était finalement rapidement imposée : sous la pression des associations LGBT, qui avaient menacé le PS d'exclusion de la marche des fiertés, le parti avait accédé en 2006 à leurs demandes, en déposant deux propositions de loi sur le mariage et l'adoption pour les couples homosexuels. Elles n'ont pas abouti, puisque nous étions dans l'opposition, mais ont été intégrées au projet socialiste pour la présidentielle de 2007.

Pour les associations, *« le travail a été assez long »*, comme le fait remarquer l'ancien porte-parole de l'Inter-LGBT Nicolas Gougain[1], mais en 2012, le mariage et l'adoption ne faisaient même plus débat : tous les candidats à la primaire étaient d'accord. Quand l'association Homosexualités et socialisme a interrogé tous les prétendants en septembre 2012 sur les questions LGBT, c'est davantage aux subtilités de la lutte contre les discriminations ou à la question de la gestation pour autrui (GPA) qu'on pouvait les différencier.

Sur le papier, tout le monde était aussi d'accord pour ouvrir la procréation médicalement assistée (PMA) à toutes les femmes, en mettant fin à la discrimination qui en exclut les femmes célibataires et les couples lesbiens. Mais, comme le constate aujourd'hui Gilles Bon-Maury, qui était chargé à l'époque des questions LGBT dans l'équipe de campagne, «*c'était un cap de plus à passer dans les esprits*», et François le savait : il n'en a guère parlé pendant la campagne, à l'exception de deux ou trois interviews passées un peu inaperçues[2], et n'a pas intégré la proposition à ses 60 engagements. Il n'a jamais expliqué pourquoi, même pas à moi.

Par prudence ? Certainement, il devait se douter que ce ne serait pas si facile à faire passer. Mais je pense aussi qu'il s'est permis cette impasse parce qu'on ne sentait pas une demande si forte pour la PMA pendant la campagne, contrairement au mariage et à l'adoption. «*Rétrospectivement, je pense que ce n'est pas un hasard que la PMA ne figure pas dans les 60 engagements*», m'a confié Bon-Maury. C'était une mesure qui était moins susceptible de changer radicalement la vie des gens (car de nombreuses femmes traversent déjà la frontière pour faire des PMA, et l'adoption pour les couples homosexuels permet désormais de faire reconnaître *a posteriori* le deuxième parent d'un enfant qui en est issu). C'est plus tard que la promesse est revenue dans la figure de François, quand il a progressivement repoussé la réforme, jusqu'à l'abandonner complètement. «*On n'a visiblement pas suffisamment mis le paquet sur la question pendant la campagne, car ça n'a pas convaincu au plus haut niveau*», se désole aujourd'hui Nicolas Gougain.

Il y avait aussi dans le projet socialiste un autre symbole de gauche plus récent : la grande réforme fiscale prônée par Thomas Piketty. L'économiste-star avait réussi à imposer l'idée que la fusion de l'impôt sur le revenu (IR) et de la CSG dans un impôt progressif unique prélevé à la source était la seule solution pour rendre notre système fiscal plus juste et faire baisser les inégalités. « *Son bouquin*[3] *avait fait beaucoup de bruit, tous les militants l'avaient lu* », me raconte aujourd'hui l'ancien président des Jeunes socialistes Thierry Marchal-Beck. En quelques années, Piketty avait rendu cette mesure incontournable à gauche, à tel point qu'on ne pouvait pas s'y opposer sans être accusé de trahir l'idéal de justice fiscale.

Pourtant, beaucoup de gens, à commencer par Jérôme Cahuzac, le responsable fiscalité de la campagne, craignaient que la réforme ne soit trop compliquée à mettre en place, pour des raisons techniques. Cela avait d'ailleurs été confirmé dès janvier 2012 par un rapport du gouvernement Fillon[4] sur la question, qui avait circulé au Parlement mais fait peu de bruit au dehors, dans la ferveur de la campagne. « *Quand on prend le bouquin de Piketty, ça se tient sur le plan de la théorie, mais quand on lit ce rapport, on voit qu'entre la théorie et la pratique il y a un écart*[5]… », explique avec le recul le député rocardien Dominique Lefebvre, spécialiste reconnu des questions de fiscalité et de protection sociale.

Le problème, c'est que quand le rapport est sorti, début 2012, il était trop tard pour faire marche arrière. Mais, surtout, la réforme Piketty était beaucoup plus sexy que toutes les autres mesures de notre programme pour réformer notre système fiscal, comme le prélèvement à la source, la nouvelle tranche à 45 % de l'impôt sur le revenu ou l'alignement de la fiscalité du capital et des revenus – que nous avons toutes réalisées une fois aux responsabilités.

Du coup, François n'a pas hésité à soutenir l'idée de Piketty, en plaçant la fusion IR/CSG au cœur de son projet. « *Il a gagné beaucoup de voix sur la fiscalité pendant la primaire*[6] », croit savoir l'ex-ministre du Commerce extérieur Nicole Bricq. Comme elle, je regrette qu'il se soit « *sûrement engagé plus loin qu'il ne pouvait* ». Car le revers de la médaille, c'est que les gens ne nous croient plus aujourd'hui quand on leur dit qu'on a fait la réforme fiscale. Ceux qui pensent avoir commandé une révolution sont toujours déçus quand on leur sert un plateau de mesures techniques, même efficaces.

Globalement, nous sommes donc restés plutôt fidèles au projet socialiste de 2011. Nous n'avons écarté qu'une poignée de propositions importantes : la généralisation des CV anonymes, la TVA éco-modulable (plus ou moins forte selon que le produit est polluant) et la récupération des « superprofits » des groupes pétroliers pour financer des aides à l'isolation et le développement des énergies renouvelables. Pas de quoi s'aliéner le parti...

À l'inverse, on ne peut pas dire que le projet PS ne nous ait pas aidés, en fournissant une bonne base de travail – la Banque publique d'investissement pour investir dans les filières d'avenir, l'encadrement des loyers ou l'amélioration des conditions de stages étaient pour nous des mesures de bon sens. Mais un tel carcan est à double tranchant : il est bien commode pour un candidat qui ne veut pas trop s'avancer, mais pas très propice à la créativité pour celui qui veut affirmer ses propres idées.

Un deal trop vert

En termes de contraintes, il y avait aussi ce foutu accord de gouvernement conclu en novembre 2011 par Martine Aubry avec les écolos. On a souvent raconté qu'il avait été passé dans le dos de François, qui était déjà officiellement le candidat socialiste, mais la réalité est plus compliquée. Les discussions avaient bien commencé entre les appareils du PS et d'EELV depuis un moment, mais Michel Sapin est rentré dans la négociation en tant que représentant de la « Hollandie » après notre victoire à la primaire, ce qui a permis à François de « *valider personnellement l'accord* », comme le dit l'ancienne patronne d'EELV, Cécile Duflot.

Bien entendu, comme dans toute négociation, il s'agissait d'un rapport de force, d'un jeu à trois entre Hollande, Aubry et Duflot. Mais François a pu poser ses lignes rouges, comme l'arrêt de la construction de l'EPR de Flamanville ou la reconversion de la filière MOX (un combustible nucléaire que les écolos voulaient voir disparaître), qui ne figuraient pas dans le texte définitif[7].

Pour montrer son autorité, François a dit à l'époque qu'il n'appliquerait que les mesures de l'accord qui lui paraissaient « *essentielles* », mais il ne voulait pas non plus se couper des écolos avant l'élection et prendre le risque qu'ils ne rejoignent pas sa majorité. Un comble, quand on sait que, sans les circonscriptions offertes par le PS, ils n'auraient jamais eu de groupe parlementaire à l'Assemblée[8].

On a donc repris à notre compte quelques grandes promesses vertes en gage de bonne foi. D'abord l'interdiction du gaz de schiste et des OGM. Un an après Fukushima, nous devions également envoyer un signal fort sur le nucléaire : nous nous sommes engagés à fermer la vieille centrale de Fessenheim et à réduire la part de l'atome dans la production électrique de 75 % à 50 % à l'horizon 2025. « *Je pense que ça l'a bien embêté, analyse un ancien collègue de l'équipe de campagne. On l'a dit pour faire plaisir aux Verts, mais on savait qu'on ne le ferait pas. Ce n'était pas tenu par les contraintes réelles, en termes de calendrier.* »

On aurait peut-être dû être plus prudents sur les exigences non écologistes posées par EELV. Pas parce que c'étaient de mauvaises idées, mais parce que la plupart étaient des bonnes intentions dont on se doutait qu'on aurait du mal à les concrétiser – ce qui n'a évidemment pas manqué. La mise en place d'une agence publique européenne de notation des dettes, par exemple, ne dépendait pas que de nous, mais surtout de la bonne volonté de nos partenaires européens. Et concrétiser ce genre de promesse ressemblait à une promenade de santé à côté de la création d'une Organisation mondiale de l'environnement, immense projet qui prend des années et nécessite un large consensus international. Quant à l'augmentation de l'aide publique au développement pour les pays pauvres, c'est une idée louable, mais difficilement tenable en temps de disette budgétaire.

Sur la Palestine, nous sommes restés plus prudents, en promettant de « *soutenir* » sa « *reconnaissance internationale* », alors que l'accord PS-Verts mentionnait une reconnaissance unilatérale par la France.

Heureusement, cet accord n'a pas vraiment lié les mains de François pour la suite. Et la faute en revient peut-être aux écolos eux-mêmes, comme l'observe l'eurodéputé EELV Yannick Jadot[9] : « *En négociant en direct l'entrée au gouvernement avec Hollande, Cécile Duflot a renoncé à obtenir des gages fermes sur le respect de l'accord PS-Verts, comme avait pu le faire Dominique Voynet avec Lionel Jospin en 1997.*[10] »

Dans le même genre, nous avons signé au milieu de la campagne un accord électoral avec le MRC, le parti de Jean-Pierre Chévènement. C'est certes un petit allié utile pour les élections, mais très éloigné de nous idéologiquement. Souverainiste, anti-Maastricht, pro-nucléaire : vous n'imaginez même pas les contorsions qu'il a fallu faire pour pondre un texte décrivant nos orientations communes[11]. Un gloubi-boulga, sommet d'hypocrisie, que je n'aurais personnellement pas signé. Heureusement, personne n'a prêté attention à cet accord, à commencer par les journalistes.

Au revoir, président

Il nous a aussi fallu composer avec le contexte politique : après dix ans dans l'opposition, nous devions nous démarquer du « candidat sortant » Nicolas Sarkozy. Au sein de l'équipe de campagne comme au PS, il y avait de toute façon un consensus assez large pour tailler dans les marqueurs les plus voyants du quinquennat Sarkozy, comme pour s'inscrire en faux par rapport à la présidence « bling-bling ». À la fois par opportunisme, pour profiter de l'exaspération des Français, et par conviction profonde, pour mettre nos actes au diapason de nos discours.

Sarkozy avait mis en danger l'école en supprimant les IUFM et en alourdissant les journées des écoliers avec la généralisation de la semaine de quatre jours : il nous fallait rétablir une formation initiale digne de ce nom pour les enseignants et réformer les rythmes scolaires. Il avait malmené le service public avec sa règle systématique de non-remplacement d'un fonctionnaire sur deux partant à la retraite : nous devions y mettre un terme, au profit d'une nouvelle politique moins aveugle, en renforçant les secteurs prioritaires, comme l'éducation, la police ou la justice. Il s'était arrogé le pouvoir de nomination des patrons des télés et des radios publiques : nous devions rendre cette prérogative symbolique au Conseil supérieur de l'audiovisuel. Dans une logique de division, il avait instauré un droit d'entrée pour que les étrangers ne puissent plus profiter gratuitement de l'aide médicale d'État, un amortisseur social universel qui honore la France : nous devions supprimer ce droit d'entrée. En vertu de la même idéologie, son ministre de l'Intérieur, Claude Guéant, avait rédigé une circulaire qui limitait la liberté de travailler des étudiants étrangers : nous devions l'abroger au plus vite pour rester un pays accueillant. Il avait instauré des peines plancher injustes pour les récidivistes : nous devions y mettre un terme.

Il y avait aussi des mesures plus anciennes que nous trouvions nécessaire de corriger, comme la convergence tarifaire public-privé, une logique purement financière qui menaçait l'hôpital public depuis 2004, la suppression de la police de proximité[12] ou les cadeaux fiscaux aux plus riches qui s'étaient multipliés en dix ans de droite au pouvoir. Chacune de ces mesures tenait pour les socialistes à des principes intangibles, et nous avons tenu parole sans sourciller une fois arrivés au pouvoir.

Il faut toutefois le reconnaître, nous avons parfois manqué de clairvoyance dans notre opération de purge du sarkozysme. Prenez par exemple la défiscalisation des heures supplémentaires : c'était une mesure typiquement sarkozyste, symbole du « travailler plus pour gagner plus » et du démantèlement des 35 heures. Si c'était l'une des rares réformes dont on se souvenait de son quinquennat, elle avait un bilan calamiteux : elle avait coûté cher aux caisses de l'État, freiné les créations d'emplois, sans forcément faire travailler davantage les Français. Le gain en pouvoir d'achat avait été mineur, tandis que de nombreuses entreprises avaient profité de l'effet d'aubaine pour réduire leurs charges[13]. Il nous a donc semblé normal, voire prioritaire, de nous engager à y mettre un terme, comme le demandait la CFDT. Cette abrogation était un marqueur positif d'égalité fiscale pour la gauche.

Le problème, c'est que, si la défiscalisation n'avait pas été une bonne chose, la supprimer en temps de crise a eu un effet que nous n'avions pas assez anticipé : cela a grevé d'environ 40 euros par mois le salaire des 9 millions de salariés concernés[14], et beaucoup nous l'ont reproché, ignorant les mesures que nous avons prises pour la compenser[15]. « *Cela a eu un réel impact pour des salariés qui réalisaient un faible niveau annuel d'heures sup, comme la standardiste qui restait trente minutes de plus de temps en temps à son poste, et que l'on ne pouvait pas accuser de détruire de l'emploi* », a très justement expliqué le député PS Thierry Mandon en 2013[16]. On peut mesurer notre erreur au nombre de Français qui soutiennent aujourd'hui le retour de la défiscalisation[17]…

Dans le même genre, je préférerais oublier notre erreur sur la TVA sociale, que Sarkozy a fait voter en février 2012, trois mois avant la présidentielle. Souvenez-vous : il s'agissait d'augmenter la TVA pour pouvoir alléger les cotisations des entreprises – c'est-à-dire de transférer une partie de l'impôt des entreprises vers les ménages au nom de la « compétitivité ».

Comme beaucoup de socialistes, François s'est à l'époque opposé à cette mesure, qu'il a qualifiée d'«*inopportune, injuste et infondée*», en critiquant – à raison – l'opportunisme de Sarkozy, qui voulait se poser en réformateur de dernière minute sans vraiment réfléchir aux conséquences. Il est toutefois allé un peu loin en tirant à boulets rouges sur le principe même d'une hausse de la TVA, qu'il a qualifiée de «*taxe nouvelle sur les Français qui va prélever sur leur consommation, affaiblir la croissance*» pour «*donner un cadeau supplémentaire aux entreprises de services*», sans vraiment aider l'industrie.

Parce qu'on est passés pour de sacrés guignols quand, après avoir supprimé la TVA sociale de Sarkozy à l'été 2012, nous avons annoncé à l'automne suivant un pacte de compétitivité qui prévoyait une baisse des charges des entreprises financée par... une hausse de la TVA ! Comme François l'a admis lui-même[18], on aurait dû conserver la TVA de Sarkozy, cela nous aurait fait gagner un an de recettes et évité une bonne tranche de ridicule.

Le grand bluff

Enfin, il y a eu le fameux traité budgétaire européen, ce «pacte Merkozy» conclu pour renforcer la discipline budgétaire d'une Union européenne fragilisée par la crise de la zone euro. Sur le fond, nous étions contre le fait de serrer encore la vis de l'austérité, tant par les mécanismes absurdes de sanction financière que le traité introduisait, que par le symbole que cela renvoyait.

Mais, en signant le pacte en mars 2012, deux mois avant la présidentielle, Sarkozy et les autres chefs d'État nous ont mis le couteau sous la gorge. Comme il était trop tard pour empêcher son adoption, François a promis de le renégocier après son élection, « *en privilégiant la croissance et l'emploi* ». Ses deux principales exigences étaient de préciser le rôle exact que jouerait la justice européenne dans le processus de sanction en cas de déficit excessif, et surtout d'« *ajouter un volet de croissance et d'emploi* » au traité.

Tactiquement, cet engagement s'est révélé bénéfique pour son image, en lui permettant de prendre la tête du camp anti-austérité en Europe. Pourtant, tout cela reposait sur un gros coup de bluff.

Publiquement, aux sceptiques qui ne croyaient pas à une renégociation, François affirmait qu'il serait encore temps de relancer les discussions après son élection, car à peine un ou deux pays l'auraient alors ratifié. Mais comme me l'a rappelé récemment Élisabeth Guigou, qui était chargée de ce sujet pendant la campagne, « *on était d'accord entre nous sur le fait qu'on n'obtiendrait pas grand-chose. On avait seulement le petit espoir de changer quelques expressions dans le corps du traité, et surtout d'obtenir que l'Europe s'engage à prendre des mesures pour soutenir la croissance*[19] ». « *Nous savions que ce serait très difficile à obtenir, mais il fallait rester dans le flou sur nos objectifs réels pour des raisons tactiques* », se souvient un autre collègue de l'équipe de campagne.

Au moment du sommet de Bruxelles lors duquel François a plaidé pour la renégociation, le 28 juin 2012, dix pays avaient en effet déjà entamé leur procédure de ratification, dont les Irlandais, qui l'avaient approuvé par référendum. Modifier la moindre virgule dans le corps du traité aurait impliqué de recommencer toute la procédure à zéro, et les Vingt-Sept n'étaient pas chauds… Sans compter qu'Angela Merkel jugeait cette démonstration de rigueur budgétaire « *nécessaire pour éviter que la France ne se casse la figure* », note Élisabeth Guigou.

Ce que nous pensions obtenir, en revanche, c'était l'adoption conjointe d'un *pacte de croissance* pour équilibrer le *pacte budgétaire*. Et c'est ce que François a fini par obtenir à Bruxelles. Le traité a donc été renégocié par ajout plutôt que par modification, même si nos détracteurs et une large partie de l'opinion n'ont pas voulu le comprendre.

Cet été-là, François a également gagné une bataille invisible : il a « *renégocié le traité dans les faits* », comme l'explique l'ex-ministre du Commerce extérieur Nicole Bricq. En imposant l'idée que la croissance était aussi importante que la rigueur, « *il a montré que la barre des 3 % de déficit n'était pas un dogme, car la France ne l'a pas respectée et n'a pas été sanctionnée*[20] », confirme Yves Bertoncini, le directeur de l'Institut Jacques Delors. Qui aurait pu imaginer qu'en 2016, un journal proclame, preuves à l'appui, que « *le pacte de stabilité européen est mort*[21] » sans susciter le moindre étonnement ?

François a donc tenu promesse sur le fond, plutôt que dans la forme, ce qui fait dire à Nicole Bricq qu'il s'est transformé à cette occasion en « *meilleur des frondeurs* ». Mais les symboles sont importants en politique. Comment ne pas comprendre que certains de mes camarades parlementaires ont pu se sentir trahis quand ils ont dû ratifier à l'automne 2012 un texte « Merkozy » qui n'avait pas bougé d'une virgule ?

Surtout que cela a rappelé des souvenirs aux plus anciens. En 1997, Jospin avait fait exactement le même coup avec le premier pacte de stabilité européen. Élu sur la promesse de renégocier le compromis ébauché par Chirac et Juppé, qui érigeait le critère des 3 % de déficit en dogme, il avait dû faire avaler le texte mot pour mot à sa majorité, faute de temps pour inverser la donne[22]. Le plus drôle, c'est qu'à l'époque, Mélenchon s'insurgeait déjà contre les reculades du gouvernement, alors que le premier secrétaire du PS Hollande, fidèle à son tempérament, se contentait de trouver ça « *dommage* »…

Je peux aussi concevoir la désillusion de nos électeurs, qui n'avaient pas vraiment compris, il faut le reconnaître, comment nous souhaitions renégocier. Ceux qui avaient entendu Montebourg répéter pendant la campagne que «*même renégocié*», le traité ne serait jamais voté par «*une majorité de gauche*» ont dû se frotter les yeux quelques mois plus tard... Mais, comme me le dit souvent le président du conseil départemental de la Haute-Saône Yves Krattinger, qui faisait partie de l'équipe de campagne : «*quand un candidat est confronté à l'opposition des électeurs sur un sujet, il peut faire trois choix : la sincérité totale (risquée), le mensonge (dangereux), ou l'habileté*[23]», en usant de sous-entendu. C'est exactement ce que François a fait, et pas qu'une fois...

La présidence normale

Parmi les ruptures à marquer avec Sarkozy, il y avait aussi celle la posture présidentielle. C'est ce que François a concentré dans l'idée de «présidence normale». Beaucoup de gens ont mal compris ce concept inspiré à François par son vieux copain Robert Zarader, qui me jure à chaque fois que c'est François qui a trouvé la formule tout seul. Robert a eu une intuition après la lecture d'un article de Bernard Henri-Lévy daté en 2007, qui expliquait que «*le prochain président serait terrien et pas évaporé*». «*Dans l'esprit, c'était simplement une manière de se distinguer de la présidence providentielle d'un Nicolas Sarkozy ou d'un DSK, mais pas de dire qu'il allait prendre le train comme tout le monde*[24]», explique-t-il aujourd'hui.

C'est pourtant ainsi que les gens l'ont compris, et c'est dans ce piège que François s'est laissé entraîner. Il a promis de préférer le train à l'avion pour ses déplacements, de ne plus donner d'interviews depuis l'Élysée et de ne pas agir en chef de parti en recevant ses parlementaires au «Château». Dans le débat de l'entre-deux-tours, il a improvisé sa célèbre anaphore «*Moi président de la République...*» pour marquer toutes ses différences avec son adversaire. Autant de promesses souvent irréalistes pour un président de la République, qui ont volé en éclat au cours des premiers mois du quinquennat, forcément. Ce n'était pourtant pas faute de l'avoir prévenu. « *Attention, tu t'engages !* », lui disait-on.

En somme, comme le résume le politologue Stéphane Rozès, Hollande et Sarkozy se sont tous les deux autant fourvoyés sur l'Élysée. Le premier en pensant « *qu'il pouvait continuer à faire ses courses au Carrefour du coin comme s'il était en Scandinavie* », le second « *qu'il pouvait faire ce qu'il voulait, du Fouquet's au yacht de Bolloré* ». Mais le pays « *a fait comprendre à ces deux-là que ce n'était pas possible, et qu'il fallait revenir sous les lambris du Palais*[25] ».

Le projet socialiste, l'accord PS-Verts, la « désarkozysation » : une fois que vous avez mis tout cela bout à bout, il ne vous reste plus beaucoup de place pour développer vos propres idées.

C'était tout l'enjeu de la période qui a suivi la victoire de François à la primaire, en octobre 2011. Nous devions, en moins de trois mois, composer à partir des thèmes imposés un projet complet qui réponde à l'ensemble des défis auxquels la France devait faire face et aux interrogations incessantes qui émergeaient déjà de toutes parts, suscitées à chaque instant par l'actualité.

Dès la mise en place de l'équipe de campagne, le 16 novembre 2011, nous avons constitué une vingtaine de groupes, composés à la fois de politiques et de technocrates, chargés de plancher pendant six semaines sur les différentes thématiques : emploi, ruralité, numérique, éducation, sécurité… Ce sont eux qui ont fait le gros du boulot pour préparer le projet dans ses détails les plus fins. Ensuite, Michel Sapin et quelques technos comme Constance Rivière ou Emmanuel Macron ont tout passé au tamis de la « Hollandie » pour construire les fameux « 60 engagements pour la France », et Laurent Fabius a mis sur pied une feuille de route pour la première année au pouvoir. Seule une poignée de personnes ont eu la chance de finaliser le projet avec François Hollande.

Je me souviens encore de la fébrilité de certains responsables thématiques avant que la fumée blanche ne sorte et que l'embargo très strict sur sa version définitive ne soit levé. «*Au moment de la parution du programme, je l'ai regardé avec angoisse pour vérifier que mes propositions étaient intégrées*[26]», se rappelle ainsi Claudine Lepage, dont deux des quatre grandes propositions qu'elle avait suggérées pour les Français de l'étranger ont été retenues.

Malgré les immenses précautions que nous avons prises, nous avons été victimes d'un petit bug, puisque l'équipe de communication a mis en ligne sur le site Internet de François une version non définitive des 60 engagements, que beaucoup de gens ont relayée en pensant qu'elle était officielle. Heureusement, les modifications de dernière minute n'étaient pas déterminantes – principalement des changements de formulation ou des simplifications –, et personne n'a remarqué le «couac» sur le moment.

Je me souviens qu'il y avait seulement trois changements significatifs dans le programme définitif: l'ajout dans le programme de la création d'un ministère des Droits des Femmes, la disparition de la référence à un financement du nouveau système de rémunération des auteurs sur Internet par les usagers, et la disparition de la promesse de suppression des peines plancher de Sarkozy au profit d'une formulation plus creuse, mais moins engageante: «*Je remettrai à plat la procédure pénale pour la rendre efficace dans le respect des principes fondamentaux de l'État de droit.*»

Enfin, le dernier acte de la préparation du programme s'est joué à trois semaines du premier tour, au début du mois d'avril 2012: nous avons rédigé sur la base du travail préparatoire de Laurent Fabius «l'agenda du changement», un petit document qui détaillait avec un calendrier et des modalités très précises les mesures prioritaires qui seraient mises en œuvre dès la première année. Rien de tel pour convaincre de la crédibilité de notre projet.

On ne peut donc pas dire qu'on a improvisé le programme. Est-ce que cette méthode était la bonne ? J'entends bien ceux qui, comme le député frondeur Pouria Amirshahi, disent qu'un programme, « *ça ne se prépare pas au sein d'un comité d'expert de quinze personnes, mais ça se discute patiemment et façon approfondie dans le pays* ».

Je trouve que c'est un peu injuste. Les équipes qui ont bossé sur les 60 engagements n'ont pas économisé leurs efforts pour prendre le pouls du pays. « *On a auditionné énormément de monde pendant cette période* », se souvient l'ex-ministre Valérie Fourneyron, qui s'occupait du projet sport[27]. On m'a même raconté que certains responsables thématiques, comme Fleur Pellerin, s'entouraient d'armées de stagiaires de Sciences Po pour prendre des notes pendant leurs rencontres avec les acteurs concernés par leur thématique. Dans les différents cercles de la campagne, tous planchaient sur des notes techniques sur les sujets les plus divers pour préparer au mieux l'arrivée au pouvoir.

Bien sûr, tout cela ne remplace pas un grand *aggiornamento* idéologique. On ne peut pas nier que le PS « *a trop vécu sur ses acquis locaux* » et « *n'a pas assez travaillé sur le fond* », comme le dit Jean-Marc Ayrault[28]. Beaucoup partagent le constat de l'ex-ministre déléguée à la Famille, Dominique Bertinotti : après la défaite de 2007, « *on a mis le couvercle sur toutes les idées nouvelles, on est revenus à un discours très traditionnel et au fond très paresseux. On a pris, collectivement, des années de retard sur l'évolution de la société* », et « *ce qu'on paie aujourd'hui, c'est ni plus ni moins quinze ans d'absence de réflexion idéologique au sens noble du terme[29]* ».

Le supermarché des promesses

Beaucoup de gens imaginent que les politiques ne sont que des marionnettes aux mains de lobbies en tout genre, qui contrôlent le pays en sous-main. Même si je n'ai jamais eu la chance d'être ministre, je connais suffisamment le système pour confirmer que les interventions des groupes d'intérêt sur le pouvoir sont incessantes. Ce qui ne veut pas dire qu'on les écoute toujours.

Bien entendu, la période de la campagne présidentielle n'échappe pas à ces pressions. Les grands patrons et les banques ne se sont pas privés de nous faire connaître leurs craintes quand François a proclamé au Bourget que son ennemi était la finance. Mais je dois dire en toute honnêteté qu'à ma connaissance, les lobbies n'ont pas eu de poids déterminant dans l'écriture du programme présidentiel, à une exception : le nucléaire.

Pendant la négociation de l'accord PS-Verts (qui était essentielle pour déterminer les futures grandes orientations énergétiques du quinquennat), François a reçu le 6 novembre 2011 sur son bureau une note l'invitant à rester prudent face à la filière nucléaire. Signée de François Roussely, un ancien PDG d'EDF bien intégré dans les réseaux socialistes, elle le prevenait que l'arrêt de l'EPR de Flamanville réclamé par les écolos pourrait coûter bien plus que 5 milliards d'euros et signer l'arrêt de mort du fleuron du nucléaire français, Areva. C'est ce qui a fait basculer François, alors que Michel Sapin était prêt à arrêter le chantier[30].

Quelques jours plus tard, Areva est intervenu directement auprès de Bernard Cazeneuve pour supplier le PS de ne pas céder à la demande des écologistes sur l'arrêt de la production du combustible MOX, en mettant en garde contre les «*conséquences économiques, sociales, industrielles, environnementales très graves*» d'une telle décision, qui conduirait à «*la disparition du leadership de la France dans le nucléaire civil[31]*». C'est peu dire que Cazeneuve a volontiers relayé l'argumentaire : quelques jours avant d'être nommé porte-parole de François, il a joué à merveille celui de la filière nucléaire, dont l'activité économique de son fief dépend fortement, puisqu'il était alors député-maire de Cherbourg, où Areva a son usine de retraitement de déchets nucléaires.

Mais le lobbying ne se pratique pas seulement dans les coulisses des géants industriels et des intérêts sulfureux. À mesure que la campagne avançait, nous avons été submergés de sollicitations d'organisations, d'associations et de groupes de pression en tout genre qui cherchaient à interpeller ou connaître la position de François sur chacune de leurs préoccupations – de la situation des chasseurs à l'avenir des autoentrepreneurs en passant par le statut juridique des animaux. « *C'est horrible une campagne présidentielle*, raconte Jean-Marie Le Guen, qui a été successivement député et ministre des Relations avec le Parlement. *On est assaillis par les lobbies, des groupes de 15 personnes qui ne représentent rien et exigent de nous des réponses, sous peine de faire un communiqué pour dénoncer notre silence*[32].» La psychologie politique de François, qui voit la France comme un assemblage de multiples zones d'influences auxquelles il faut s'adresser, n'aidait certainement pas.

Du coup, tous les responsables thématiques de l'équipe de campagne étaient chargés de pondre des réponses à chacun de ces groupes, qu'on validait avant de mettre la signature du candidat. Alors que jusque-là la rédaction du programme avait été bien contrôlée, ma petite expérience politique me poussait à me méfier de cette multiplication de lettres de réponse, d'interviews et de documents programmatiques, comme les « 20 engagements à destination des territoires délaissés » ou les « 30 propositions pour l'outre-mer ». Même si, officiellement, tout était contrôlé par la direction de la campagne, dans la pratique, ils n'en avaient pas toujours le temps, et c'était encore très artisanal : il arrivait que certains responsables de l'équipe de campagne répondent un peu ce qu'ils voulaient sur les sujets mineurs, sur lesquels François n'avait pas d'avis préconçu.

Bien entendu, on ne peut passer outre toutes les sollicitations, qui sont parfois sources d'inspirations pour des propositions vraiment utiles. Peut-on parler de clientélisme quand on promet aux jeunes filles la gratuité de la contraception ou aux personnes handicapées un renforcement des sanctions pour les entreprises qui renâclent à les embaucher ? Bien sûr que non.

En outre, ces rencontres et échanges avec les groupes d'intérêt permettent de nouer des contacts avec des relais d'opinion qui peuvent faire « descendre » auprès des personnes concernées nos propositions, alors que celles-ci ne surnagent pas forcément dans l'agitation médiatique. Ils peuvent aussi, accessoirement, en devenir des promoteurs.

Mais cela devient périlleux quand on en arrive à s'engager à tout et pour tout, à brûle-pourpoint, sans forcément réfléchir aux conséquences ni avoir la visibilité sur cinq ans, transformant progressivement un programme bien structuré autour de quelques priorités en vrai supermarché de la promesse.

Là encore, comment dire non à des causes justes pour de nombreux électeurs, souvent portées avec passion par des personnes qui leur ont consacré une partie de leur vie ? C'est comme ça que François s'est retrouvé à promettre aux Arméniens de venir commémorer chaque année l'anniversaire du génocide avec eux, ou aux victimes de la catastrophe de Furiani de faire du 5 mai un « jour sans football ». Et comment dire non quand les associations LGBT vous demandent si vous allez autoriser le don du sang aux homosexuels ou faciliter le changement d'état civil des transsexuels ? L'ancien porte-parole de l'inter-LGBT, Nicolas Gougain, a beau jeu de dire que « *si François Hollande ne voulait pas s'engager, il ne fallait pas qu'il le fasse, et pouvait se contenter de dire qu'il réfléchissait* ». Toutes ces sollicitations vous poussent au pied du mur pour vous enfermer dans des engagements pas toujours pragmatiques, lancés dans le feu de l'action de la campagne, qui avaient peu de chances d'être tenus et dont beaucoup lui sont revenus dans la figure au cours du quinquennat.

Le pire, c'est que la plupart du temps, il s'engageait à tenir promesse « *dès le lendemain* » de son élection ou « *dès 2012* ». Un jour, nous nous sommes amusés avec des copains de l'équipe de campagne à faire le compte : il fallait presque qu'il mette en œuvre un engagement par jour lors de sa première année pour tenir parole – sachant qu'il faut parfois plusieurs semaines pour faire voter une loi.

Pour comprendre la logique infernale dans laquelle la campagne nous a menés, on peut par exemple revenir sur l'épisode de la loi Carles. Celle-ci avait favorisé en 2009 le financement par les communes des écoles privées, au détriment des écoles publiques. Attachés à l'enseignement républicain, nous y étions bien entendu opposés sur le principe ; alors quand un collectif de syndicats de l'éducation et le comité national d'action laïque ont réclamé à François de rouvrir ce débat dans une lettre ouverte, pendant la campagne, nous leur avons naturellement répondu que nous reviendrions sur cette réforme[33]. Il nous a ensuite fallu deux ans, de nombreux reproches et, finalement, un rapport sénatorial[34], pour s'apercevoir qu'il était en fait inutile de modifier cette loi, qui n'avait eu qu'un effet marginal et n'avait pas modifié l'équilibre entre public et privé. Voilà ce qui arrive quand on improvise…

Autre engagement malheureusement précipité par le tourbillon de l'actualité : la fameuse « loi Florange ». Dans les premiers mois de 2012, les hauts fourneaux lorrains et Florange étaient le théâtre d'une lutte à distance entre Hollande et Sarkozy. Chacun rivalisait de rhétorique pour convaincre les métallos qu'il était le mieux placé pour les sauver face aux menaces de fermeture émanant du propriétaire, ArcelorMittal. En visite à Gandrange, en janvier, François a été interpellé une première fois par le syndicaliste Édouard Martin sur la possibilité de faire voter une loi interdisant la fermeture des sites industriels rentables. Prudent, il s'est simplement engagé à «*réfléchir à un outil législatif*», tout en refusant de «*faire des promesses que les salariés auraient gravé dans le marbre*». Il a même plaisanté sur le risque que les salariés lui érigent une deuxième stèle des promesses non tenues, à côté de celle de Sarkozy (ce sera finalement le cas).

Il aurait sûrement mieux fait de s'en tenir là. Mais dans un contexte social sinistré, alors que les plans sociaux se succédaient et qu'il rencontrait chaque semaine des travailleurs menacés de perdre leur emploi, j'imagine que François n'a pas eu le cœur de rester silencieux. Un mois après Gandrange, en visite cette fois à Florange, il est monté sur le toit de la camionnette de la CFDT et, interpellé de nouveau par Édouard Martin, il s'est engagé à déposer en tant que député une proposition de loi obligeant les industriels à céder les sites rentables qu'ils ne veulent plus garder.

Nous savions pourtant qu'une telle mesure pouvait poser des problèmes juridiques sérieux, car elle risquait de porter atteinte au droit de propriété. Ce fut le cas lorsque, après avoir longtemps tergiversé, nous avons fini par voter une loi minimaliste en 2014, qui a de toute façon été vidée de toute sa substance par le Conseil constitutionnel. Même la pénalité financière prévue pour les entreprises récalcitrantes a été censurée. La seule mesure de rétorsion applicable reste aujourd'hui le remboursement des aides publiques. Autant dire, pas grand-chose.

Je suis assez d'accord avec Jean-Marie Le Guen pour dire que «*cette hystérie de la promesse et de la demande d'engagements pendant les campagnes se retourne à terme contre la démocratie*», parce qu'elle multiplie les frustrations des électeurs et l'idée que le président de la République est un « *guérisseur d'écrouelles* », comme le dit le président de l'UDI, Jean-Christophe Lagarde[35]. Le chef de l'État n'est pas là pour réparer le trou dans votre trottoir, mais pour tracer des grandes perspectives pour l'ensemble du pays ! Et je comprends ceux, dans l'équipe de campagne, qui s'offusquaient que le candidat signe tout un tas de documents sans vraiment croire à ce pour quoi il s'engageait.

Cette déviance n'est pas nouvelle. Depuis que la démocratie existe, pour séduire les électeurs, le bon candidat doit « *manifester sa proximité* », « *agglomérer des populations composites* » et donc « *multiplier des promesses, au moins partiellement contradictoires* », et « *tenir des langages différents* », comme l'analyse l'historien Pierre Rosanvallon[36].

Mais, pour avoir suivi plusieurs campagnes présidentielles, j'ai l'impression que ce phénomène s'aggrave avec le temps. Je pense qu'il y a eu un tournant en 1988, quand les cinq professeurs de médecine qu'on a appelés les « sages de santé publique[37] » ont interpellé les candidats à la présidentielle sur leurs positions sur le tabac, l'alcool ou la sécurité routière. Mitterrand, Barre, Chirac : tous trois ont rempli le questionnaire. Même si sur le fond, la démarche était louable et s'est révélée efficace par la suite, je crois qu'ils ont ouvert la boite de Pandore.

« *Depuis, c'est l'inflation, parce que tout le monde a compris qu'il fallait se liguer au moment de l'élection présidentielle pour obtenir des promesses* », détaille encore Jean-Marie Le Guen. Nicolas Hulot a porté l'exercice à son paroxysme en 2007, avec son grand pacte écologique signé par les principaux candidats à l'issue d'un grand oral infantilisant au quai Branly. « *En 2012, tous les mouvements structurés sur les questions de sociétés l'ont imité, avec un manifeste, un grand meeting ou un questionnaire pour les candidats* », reconnaît Nicolas Gougain, qui a d'ailleurs procédé de la sorte avec l'inter-LGBT. À force d'être sollicité, un présidentiable finit par se persuader qu'il est obligé de quitter le général pour le particulier s'il veut convaincre les électeurs en dehors de sa base.

Est-ce que c'est vrai, au fond ? Selon Valérie Fourneyron, « *ce n'est sans doute pas une promesse de plus qui va faire la différence* » auprès de l'électorat. Le député Les Républicains (LR) Franck Riester pense quant à lui que cette pratique relève du passé. Il se dit convaincu que les Français veulent aujourd'hui « *de l'authenticité et du courage* ». À titre d'exemple, il compare les attitudes de son ami Bruno Le Maire et de Nicolas Sarkozy face à l'association anti-mariage gay Sens commun, dans la campagne pour la présidence de l'UMP, en 2014 : « *Quand Sarkozy a une salle devant lui qui veut entendre "abrogation de la loi Taubira", il se dit "ça ne coûte pas trop cher, je vous le dis". Bruno Le Maire, lui, répond : "eh bien non, je ne vous le dirai pas". Peut-être que dans le choix final, ça peut jouer chez certains électeurs, qui se diront "celui-là il est courageux, du coup je vais aller voter pour lui" même si je ne suis pas d'accord sur tout.* »

J'ai tendance à penser comme lui. Surtout quand on voit le tort que nous a causé tout au long du quinquennat la longue litanie des petites promesses que nous n'avons su, ou pas pu tenir. Pourquoi François ne s'est-il pas tenu au principe proclamé dans son livre de campagne : « *J'affirme mon programme en prévenant qu'il ne répondra pas à tout, qu'il ira à l'essentiel*[38] » ?

L'art du flou

Pour le reste, l'enjeu consistait à trouver un subtil dosage sur les grands sujets de la campagne pour élargir la base électorale de François et lui permettre de réunir une majorité au second tour. Le tout sans trop mécontenter sa base socialiste. C'est pour cette raison qu'il s'est engagé à ramener le déficit à 0 % en 2017 conformément aux attentes de Bruxelles et des marchés… tout en combattant le traité budgétaire. C'est aussi pour cette raison qu'il a refusé de promettre la lune aux plus modestes, se contentant de quelques mesures symboliques pour le pouvoir d'achat (comme l'augmentation de l'allocation de rentrée scolaire ou le petit coup de pouce au Smic). Il a assumé de ne pas avoir intégré toutes les propositions du PS dans son projet « *compte tenu des perspectives plus sombres de croissance*[39] », en réduisant par exemple les 300 000 emplois d'avenir à 150 000. Comme il le disait, « *pour gagner, nous n'avons pas besoin d'en promettre tant et plus. Nul n'y croirait, pas même les éventuels bénéficiaires*[40] ».

Jongler, comme cela, entre les intérêts et les aspirations des uns et des autres nous a parfois forcés à rester dans le flou. C'est ce qu'on a fait en rédigeant les 60 engagements, dont chaque mot a été pesé jusqu'au dernier moment, quitte à parfois vider certaines phrases de leur substance ou enfoncer des portes ouvertes, comme dans « *je garantirai pour tous les jeunes, valides ou non, la possibilité de pratiquer le sport dans un club ou une association* » ou ma préférée : « *je* [mènerai] *des actions de cohésion sociale en lien avec les collectivités et les associations* ».

La sénatrice Claudine Lepage me racontait récemment comment l'équipe de campagne avait transformé un « *renforcer* » en « *conforter* » dans une des propositions qu'elle avait faites, ce qui évitait à François de trop s'engager sur de nouveaux moyens financiers… Cela ne mangeait pas non plus de pain de promettre de réduire de moitié le décrochage scolaire, puisqu'il n'existe aucun moyen fiable de quantifier le phénomène, et donc de vérifier la promesse. Je vous vois grimacer d'ici : il n'est pas interdit d'être habile en politique, à condition, comme le dit le député LR Franck Riester, que « *l'habileté ne soit ni le flou ni l'incohérence* ».

En la matière, je crois que c'est sur la fin de vie que nous avons atteint des sommets : « *Je proposerai que toute personne majeure en phase avancée ou terminale d'une maladie incurable, provoquant une souffrance physique ou psychique insupportable, et qui ne peut être apaisée, puisse demander, dans des conditions précises et strictes, à bénéficier d'une assistance médicalisée pour terminer sa vie dans la dignité*», disait l'engagement n° 21 du programme. Un véritable «*miracle de rédaction politique*», s'enthousiasme encore l'ex-ministre aux Personnes âgées Michèle Delaunay, parce qu'«*on peut considérer qu'avec la loi Claeys-Leonetti de 2016, on a répondu à cet engagement, même si certains avaient cru y lire l'annonce d'une loi qui comprenait le suicide assisté – et on ne peut pas leur donner 100 % tort. Mais, sur ce sujet, il fallait vraiment une promesse respectueuse d'un maximum de consciences*[41]», ajoute l'ancienne cancérologue.

Heureusement, peu de journalistes sont venus titiller François sur les angles morts de son projet ou sur les détails pratiques de chacun de ses engagements. Rares sont ceux qui se sont réellement interrogés sur la possibilité de faire voter le droit de vote des étrangers, alors que le PS avait très peu de chance d'avoir à lui tout seul la majorité des trois cinquièmes des parlementaires nécessaire à une réforme constitutionnelle, même en cas de raz-de-marée aux législatives.

Personne n'a demandé à François ce qu'il entendait concrètement faire pour élargir le rôle du Parlement dans «*la gestion des opérations menées au nom de la France*», sachant qu'il n'a jamais été question de donner aux parlementaires un pouvoir de veto sur les interventions militaires. Que voulait-il faire concrètement pour «*favoriser la paix et la sécurité entre Israël et Palestine*» ou «*renforcer les liens avec les pays émergents*»? Sur toutes ces questions sensibles, nous avons réussi à passer entre les gouttes sans avoir à nous découvrir trop précisément.

Et puis, il y avait bien sûr les grandes options économiques. On reproche souvent à François d'avoir menti par omission en n'annonçant pas pendant la campagne la politique de l'offre qui allait structurer le quinquennat, avec des baisses de cotisations massives pour améliorer la compétitivité des entreprises.

C'est à la fois vrai et faux. Tout d'abord, personne ne pouvait ignorer que François était un pur social-démocrate de centre gauche, même s'il n'a assumé l'étiquette que lors de sa conférence de presse de janvier 2014. Dès les années 1980, je me souviens, il signait sous pseudonyme livres et articles pour défendre la baisse des prélèvements, la flexibilité du marché du travail et la réduction des charges pour les entreprises, en proclamant que « *la concurrence est fondamentalement une valeur de gauche*[42] » ! Il était à l'époque bien isolé, mais le PS avait déjà bien entamé sa mue avant 2012, en renonçant officiellement à la politique de la demande pour la politique de l'offre[43].

Lors du discours du Bourget, il avait prévenu que le temps de la redistribution ne pourrait venir qu'après celui du redressement économique et financier du pays, marqué par des réformes de structures. Dans toute sa campagne, il n'a jamais été question de relancer la demande avec des hausses massives des salaires ou des prestations sociales pour faire repartir la consommation, comme l'a réclamé l'aile gauche du PS tout au long du quinquennat. L'ancien directeur de l'Organisation mondiale du commerce (OMC), Pascal Lamy, le confirme : « *Il a été le premier à dire : la dette c'est l'ennemi*[44] », à rompre avec le culte de la dépense publique, en allant jusqu'à dire des objectifs européens de déficit qu'il « *était aussi impossible, sauf à aliéner l'indépendance française, d'échapper à cette obligation*[45] ».

Sarkozy et Hollande étaient d'accord sur ce point, et ne s'en cachaient pas : le problème de la France est la compétitivité de ses entreprises. La différence, c'est que la droite insistait sur le problème du coût du travail, en faisant la promotion de la TVA sociale pour baisser les charges, alors que nous insistions sur ce qu'on appelle la compétitivité « hors coût », c'est-à-dire l'innovation, la recherche et le système de financement des entreprises. « *La compétitivité, c'est d'abord une spécialisation, une qualification et une innovation, ce sont des investissements lourds et techniques*[46] », disait François. C'est d'ailleurs son analyse que plébiscitaient les 42 économistes de renom qui ont appelé à voter pour lui juste avant le premier tour.

À l'appui de son diagnostic, il promettait une réforme du crédit impôt recherche, la création de la Banque publique d'investissement ou la baisse de l'impôt sur les sociétés pour les petites entreprises. Les seules aides directes aux entreprises qu'il avait annoncées consistaient en une enveloppe de 5 milliards pour l'industrie, la relocalisation et le soutien aux PME[47]. Quant aux cotisations patronales, il avait tout juste évoqué une fois la possibilité que l'État en prenne en charge une partie grâce de la fiscalité écologique, mais sans revenir dessus par la suite[48].

C'est là où l'on peut lui reprocher d'avoir changé d'avis, car avec les pactes de compétitivité et de responsabilité, en 2012 et 2014, il a clairement épousé l'option de Sarkozy : baisser le coût du travail par des réductions massives de cotisations pour permettre aux entreprises de reconstituer leurs marges et d'améliorer leur compétitivité. Comme l'a relevé à l'époque Pierre Moscovici, c'était « *une véritable révolution copernicienne pour la gauche* ».

François savait-il déjà pendant la campagne qu'il allait devoir se dédire ? Tous ceux qui le connaissent savent qu'il est impossible de savoir à coup sûr ce qui se passe dans sa tête. Pendant la campagne, aucun des économistes que nous avons consultés ne nous ont dissimulé la gravité de la situation, tant au niveau des déficits que de la compétitivité : François les a-t-il finalement écoutés ? En tout cas, il n'était pas question qu'un tel discours vienne de la gauche en pleine campagne : Michel Sapin a fait ce qu'il fallait pour qu'aucun d'eux ne publie quoi que ce soit sur le sujet avant l'élection[49] !

Pour certains, François a péché par optimisme, en comptant sur l'inversement du cycle économique et le retour de croissance. « *François Hollande savait qu'on allait trouver un appareil productif en mauvais état, mais peut-être pas en aussi mauvais état* », complète Nicole Bricq, l'ancienne ministre du Commerce extérieur.

Bien sûr, à la gauche de la gauche, on ne veut pas croire à cette thèse. Pouria Amirashi, le député frondeur qui a quitté le PS en fin de mandat, pense que « *s'il y a une once de sincérité chez ceux qui invoquent les mauvaises surprises au moment de la prise de pouvoir, ce sont des imbéciles et des incompétents, parce qu'ils sont entourés de technocrates payés très chers pour évaluer la situation du pays* ». Les gens comme lui préfèrent penser que Hollande a refusé d'aborder la question de la compétitivité pendant la campagne pour se différencier de Sarkozy, alors qu'il n'en pensait pas moins, pour mieux les trahir une fois élu.

J'ose quant à moi penser qu'il était, tout autant que moi, persuadé que beaucoup de choses étaient possibles pour enfin sortir le pays de la sinistrose. Vous allez me dire, à force de le répéter à tout un pays pendant des années, on finit par se convaincre soi-même.

La maîtrise du tempo

Il y avait de très bonnes choses dans les 60 engagements. C'était une excellente synthèse du travail de toute l'équipe. Bien sûr, nous ne sommes pas dupes : les gens ne votent pas pour un catalogue de mesures techniques. Comme le dit l'écologiste Pascal Canfin, qui fut ministre délégué au Développement au début du quinquennat, « *un électeur lambda qui n'a aucun avis sur la politique de l'emploi, la politique environnementale ou la politique étrangère ne pas va devenir tout d'un coup expert de tous ces sujets, savoir que telle mesure est meilleure qu'une autre*[50] ».

On ne va pas se mentir : rares sont ceux qui lisent intégralement les programmes de ceux qu'ils élisent. Beaucoup des questions qui divisent les candidats pendant les campagnes électorales relèvent en réalité bien plus de l'art de l'exécution que de divergences programmatiques. Quoi de moins concret qu'un prétendant qui promet de l'autorité et de la fermeté pour combattre l'insécurité ? L'important, ce sont toutes les microdécisions qu'il prendra tout au long de son mandat.

L'enjeu pour François était donc d'incarner son programme, de promouvoir ses axes forts, qui devaient coller avec les actualités de la campagne et les attentes des électeurs. Il fallait donc choisir avec précaution les thèmes et les promesses que François mettait en avant dans ses discours et ses interventions télévisées… quitte à en inventer de nouvelles.

L'important, dans une campagne, est de maîtriser l'agenda, car ce qui détermine le vote, ce n'est pas la réponse, mais la question. Si la question est « *comment empêcher la fuite des plus riches massacrés par les impôts ?* », c'est la droite qui prend l'avantage. Si la question est « *faut-il mettre de la justice dans le système fiscal ?* », c'est la gauche. Jospin en a fait l'amère expérience en 2002, quand son bon bilan économique a été éclipsé par la question sécuritaire.

Il nous fallait tout d'abord parer aux deux grandes accusations qu'on adresse classiquement à la gauche : l'inconséquence budgétaire et le laxisme sécuritaire.

Dès la primaire, Hollande et Aubry s'étaient mis d'accord pour s'engager à réduire le déficit à 3 % dès 2013. Peu importe que la promesse ne fût pas crédible (nous avons finalement fait 4,2 %) ! « *Tout le monde disait qu'on ne pourrait pas assainir les finances publiques aussi vite que ça, et Hollande était d'accord* », cafte Nicole Bricq. L'important était qu'il dise la même chose que Sarkozy : puisqu'il n'y avait pas de divergence, les journalistes n'en parlaient plus et le sujet était tué.

Quant à la sécurité, François a eu l'intelligence de faire de son ancien concurrent Manuel Valls un acteur-clef dans la campagne, avant de lui offrir le ministère de l'Intérieur au nez et à la barbe de François Rebsamen, « hollandais » historique qui lorgnait pourtant dessus depuis longtemps. Il n'a pas non plus lésiné sur les moyens en annonçant 5 000 postes pour la justice, la police et la gendarmerie et en faisant la promotion des « zones de sécurité prioritaires » pour concentrer les effectifs dans les quartiers qui en ont le plus besoin.

Mais, heureusement, la campagne ne s'est pas tant focalisée sur la sécurité que sur l'identité. Et pour occuper le terrain sur la laïcité, pendant que Sarkozy s'acharnait sur le halal dans les cantines, François a proposé dans le discours du Bourget d'inscrire la loi de 1905 dans la Constitution – une initiative symbolique mais absolument inutile, et qui n'a jamais vu le jour.

À partir de là, il pouvait dérouler tranquillement les grandes orientations de son programme, en cherchant un équilibre subtil entre le projet du PS et ses propres priorités, au premier rang desquelles la jeunesse – un choix pas très innovant, mais incontestablement stratégique car il permet de s'adresser à la société tout entière en traçant des perspectives pour l'avenir.

C'est dans cette logique qu'il a décidé de mettre l'accent sur les contrats de génération, cette idée de subventionner les entreprises qui embauchent un jeune en CDI tout en maintenant un senior en poste. Il portait cette proposition depuis 2010, et elle avait toujours été son petit marqueur pour se différencier des autres dans le débat de la primaire. « *C'est une mesure qui, pendant la campagne, paraît sexy, différenciante, adaptée, symbolique* », remarque aujourd'hui Pascal Canfin. L'exemple type de ces mesures gadgets « *qu'il est si facile de produire avec quelques connaissances en marketing politique, comme on sait si bien le faire dans les grosses machines partisanes* », observe Jean-Marie Le Guen. « *Même si on savait que ça ne marcherait pas, on l'a pleinement assumé, car cette idée de partage de connaissances d'un aîné, c'était intéressant*, se souvient Thierry Marchal-Beck. *Pour le coup, le récit était plus important que le fait.* »

Qu'importe que Martine Aubry l'ait vigoureusement critiqué, en expliquant que c'était une vieille idée qui n'avait jamais fait ses preuves : personne ne s'en souciait. Les campagnes présidentielles ont cela de formidable qu'elles ressemblent à des bulles où tout le monde semble persuadé que le politique a repris la main. Comme le dit le sociologue Jean-Marie Charon, «*on évacue totalement le système de contraintes dans lequel le pays évolue, car après cinq années de déceptions tout le monde a envie de retrouver cette croyance au politique; du coup, le politique fait comme s'il pouvait tout faire*[51]». Ce que *The Economist* a violemment reproché à Sarkozy et à Hollande : «*Il n'est pas rare pour les hommes politiques d'éviter les vérités dérangeantes pendant les élections; mais il est plus inhabituel, dans l'époque que traverse l'Europe, de les ignorer aussi superbement que les politiques français sont en train de le faire*», taclait pendant la campagne l'hebdomadaire libéral britannique[52].

Le quinquennat a fourni une triste confirmation des doutes d'Aubry sur les contrats de génération : trop complexes, à peine un dixième des 500 000 contrats annoncés ont été signés en cinq ans. La plupart du temps, les entreprises en ont en plus détourné l'esprit, en constituant de faux binômes vieux-jeunes qui ne travaillaient même pas au même endroit, simplement pour bénéficier des aides de l'État[53], sans aucun effet sur le chômage de jeunes et sans vraiment favoriser la transmission du savoir… Bref, un superbe exemple de bonne idée sur le papier qui part en fumée au contact de la réalité.

Il y a eu aussi toute la thématique du combat contre la finance développée à partir du discours du Bourget. On ne peut pas nier qu'il a poussé le bouchon un peu trop loin, quand on voit rétrospectivement la place qu'il a donnée au banquier Macron dans son quinquennat. Je suis pourtant d'accord avec le communicant Robert Zarader quand il dit que son ami François «*était sincère sur le fond et maladroit dans la formulation, un peu trop tribunicienne*». Bien sûr que tout le monde savait, dans l'équipe, que notre ennemi n'était pas la finance. Ce serait comme dire que notre ennemi c'est la voiture à cause des accidents de la route. On savait tous, en revanche, qu'il fallait en corriger les dérives.

Mais François aurait dû se douter que les chaînes d'info en continu et les réseaux sociaux allaient répéter et amplifier sa petite phrase du Bourget à l'infini, à tel point que « *les Français de gauche étaient persuadés d'avoir élu quelqu'un qui allait enfermer les banquiers*[54] », comme le dit Alain Camilleri, un vieux militant PS de ma connaissance.

Devait-on s'y attendre ? Je n'en sais rien. Quoi qu'il en soit, ne nous accusez pas d'en avoir rajouté un peu sur le volontarisme pendant la campagne, car je ne suis pas sûr que les Français soient prêts à élire un candidat qui met en avant ses limites. On reproche encore à Jospin son « *l'État ne peut pas tout* »…

Le « coup » des 75 %

« *La responsabilité des promesses inconséquentes est pour partie sur la tête de celui qui le dit, mais elle est aussi dans celle qui l'écoute*, sermonne parfois le centriste Jean-Christophe Lagarde. *Le problème, c'est qu'on perd tout esprit critique dans les trois mois qui précédent une élection présidentielle. Et le premier qui vient avec un ministère de l'Identité nationale ou une taxe à 75 % se fait élire alors que c'est une énorme bêtise.* »

C'est peut-être un peu exagéré, mais je ne peux pas lui donner totalement tort. Vous auriez payé cher pour voir ma tête quand François a dégainé en direct sur TF1 la fameuse taxe à 75 % sur les revenus supérieurs à 1 million d'euros, le 27 février 2012. Nous n'en avions jamais parlé ensemble. Pire : quand Bertrand Delanoë avait évoqué une idée similaire, quelques mois plus tôt, François l'avait balayée d'un revers de la main…

Aquilino Morelle, l'ancien bras droit d'Arnaud Montebourg qui avait rejoint l'équipe de campagne, raconte qu'il a eu cette idée en lisant un article du *Monde diplomatique* rappelant comment le président Roosevelt avait taxé les hauts revenus à 63 %, puis même à 91 % pendant la Grande Dépression des années 1930, aux États-Unis. Aquilino estimait que la campagne était « *dans un faux plat* » et qu'il fallait mettre « *une pelletée de charbon dans la locomotive*[55] ». Il a réussi à convaincre François de jouer ce coup de poker quelques heures seulement avant l'émission, dans le secret du QG de campagne. Les seules personnes dans la confidence étaient Manuel Valls, Pierre Moscovoci et Stéphane Le Foll.

Je peux vous dire que le stratagème n'a pas été du goût de tout le monde, et surtout pas de Jérôme Cahuzac, le « monsieur finances » de la campagne. Il se voyait déjà arriver à Bercy et devoir assumer cette promesse qu'il trouvait stupide ; il en avait des sueurs froides. Quant à Emmanuel Macron, il s'est fendu d'une saillie mémorable : « *La taxe à 75 %, c'est Cuba sans le soleil !* ». Mais, surtout, cette improvisation laissait tout le monde pantois sur le réalisme d'une telle taxe.

Comme beaucoup de gens le craignaient, la taxe, trop fragile juridiquement, a d'ailleurs été censurée par le Conseil constitutionnel quand nous l'avons votée en 2012, et il nous a fallu changer notre fusil d'épaule, en bricolant une seconde mouture qui était payée non pas par les particuliers, mais par les entreprises qui versaient des revenus supérieurs à 1 million d'euros.

À ceux qui doutent de la conviction de François sur ce sujet, je rappelle souvent la réponse qu'il a faite à son ami François Rebsamen quand celui-ci lui a conseillé de laisser tomber après la première censure : « *Aurais-je été élu sans les 75 % ?*[56] ».

Heureusement, François avait eu l'habileté pendant la campagne de maintenir savamment le flou sur la durée de la taxe, ce qui nous a permis de l'enterrer tranquillement début 2015 sans trop perdre la face, après avoir récupéré 420 millions d'euros en deux ans.

« J'ai conçu le programme présidentiel »

Contrairement à Cahuzac, Sapin, Moscovici et les autres, je n'ai pas été propulsé ministre après la victoire de mai 2012. François a préféré me garder auprès de lui dans un rôle moins exposé. Je dois le dire : la déception m'a travaillé pendant plusieurs mois. J'étais convaincu d'être de taille à tenir cinq ans en première ligne, à combattre les lobbies et les conservatismes, à surmonter les guerres d'ego et à affronter l'opinion quand il faudrait assumer les choix difficiles.

3

« J'ai été ministre de François Hollande »

Voilà, la passation de pouvoir s'est bien passée. Pour la première fois, on me donne du « Madame la Ministre », ça ferait rire mes parents. On est le jeudi 17 mai 2012, j'ai les jambes qui flageolent encore un peu. J'écoute les premiers conseils, sans vraiment les entendre.

Après des années dans l'opposition, me voilà enfin aux responsabilités. Inutile de mentir, je trépignais d'impatience à l'idée de pouvoir passer à l'action, et ce fut une sacrée fête chez moi quand j'ai raccroché le téléphone, après deux minutes de conversation avec François Hollande – enfin, monsieur le président de la République, ou le « PR », comme on allait bientôt tous l'appeler.

Je n'étais pas membre de la « Hollandie » historique, mais j'ai bénéficié du nécessaire équilibre entre les courants de la majorité au sein du gouvernement. J'étais considérée comme Hollando-compatible. Le président savait qu'il pouvait travailler en bonne intelligence avec moi. Cela ne m'a pas permis de rester au gouvernement pendant tout le quinquennat, mais m'a aidé à remporter quelques arbitrages et à faire tout, je l'espère, ce que j'ai pu pour le bien de la France, malgré les vents contraires. Ceux qui soufflent dans le pays, mais aussi ceux qui sifflent dans les palais de la République.

Au boulot !

Le calme n'a duré qu'une après-midi. À peine la photo de famille posée sur le bureau, il a fallu s'atteler à la tâche, s'activer sur les dossiers avant l'arrivée de l'été. Avant la campagne, je ne connaissais pas grand-chose aux thématiques sur lesquelles François Hollande m'avait demandé de plancher dans son équipe – « *au cas où* », avait-il dit. J'ai vite compris que ces dossiers me reviendraient s'il gagnait l'élection. Évidemment, j'en ai douté jusqu'au bout, autant par précaution que par superstition. D'ailleurs, mon ami Thierry Repentin peut en témoigner : on ne finit pas forcément là où on aurait dû être. Chargé de la thématique Logement pendant la campagne, il s'est retrouvé à la formation professionnelle dans le premier gouvernement Ayrault, à cause des accords de partis qui ont envoyé l'écologiste Cécile Duflot au Logement.

Il est clair en tout cas que la préparation lors de la campagne m'a été d'une grande aide. Cela permet d'avoir une base, de se fixer des priorités. Entre le programme officiel et les nombreuses promesses et interviews du candidat Hollande, nous avions de quoi commencer le travail sans trop tergiverser. Le ministre du Travail Michel Sapin avait ainsi pour habitude de venir en conseil des ministres avec les 60 engagements sous le bras, tandis que Cécile Duflot, par exemple, avait accroché les promesses présidentielles sur le mur de son bureau. Comme moi, Marylise Lebranchu, avait parfaitement en tête l'intitulé des promesses pour avoir participé activement à leur rédaction : « *Ma chance, c'est que les sujets de décentralisation avaient été ramassés dans le discours de Dijon sur la République et les institutions, un discours que j'avais préparé.* » Malgré tout, nombreux sont les dossiers que nous n'avons découverts qu'après avoir poussé la porte de notre ministère.

Pour certains ministres, l'absence totale de cap a posé problème. « *En 2012, on me charge de l'économie sociale et solidaire et de la consommation. Or, en tout et pour tout, c'était trois lignes dans le programme de François Hollande*, raconte ainsi Benoît Hamon[1]. *Bref, je me retrouve sans feuille de route précise et avec une besace, au départ, très légère. Sauf dans certains domaines, comme l'Éducation nationale, où on avait vraiment bossé sur des idées précises, tout ou presque était à inventer.* »

Comme beaucoup de mes collègues, j'ai pris le temps qu'il fallait pour me familiariser avec certains sujets. Vous avez beau avoir tout le talent politique nécessaire, il faut travailler pour maîtriser tous les dossiers qui vous attendent sur votre bureau. En vain, parfois, comme ce pauvre Repentin qui, à peine ses marques prises à la Formation professionnelle, a été nommé en catastrophe en mars 2013 aux Affaires européennes en remplacement de Bernard Cazeneuve, lui-même appelé à Bercy pour succéder à Jérôme Cahuzac, démissionné après les révélations sur son compte en Suisse. Un turnover pas toujours facile à gérer. « *C'est très difficile, quand vous êtes ministre dans ces conditions, de réformer en profondeur,* confirme Repentin. *Si vous n'êtes de passage que pour quelques mois et que vous n'avez pas, en arrivant, une bonne connaissance de votre sujet, l'administration prend très vite le dessus et, comme ministre, vous ne faites que courir après un monde qui change[2].* »

Pour ma part, je pense que je me suis surtout laissé submerger par la feuille de route de la première année du quinquennat. Trop ambitieuse, sans doute, car je n'étais pas la seule au sein du gouvernement. La preuve cruelle en a été donnée par le bilan de l'«agenda du changement», ce document de travail élaboré par Laurent Fabius avant l'élection pour préparer au millimètre près la première année d'exercice du pouvoir. La feuille contenait une soixantaine de mesures qui devaient être mises en œuvre prioritairement. « *C'est la première fois qu'un candidat à la présidence donne autant de précisions sur l'agenda. C'est la première fois que nous sommes prêts à ce point* », avaient à l'époque fanfaronné Fabius et Valls, histoire de couper l'herbe sous le pied de cette droite qui n'aime rien tant que critiquer l'amateurisme de la gauche.

Une fois le sablier écoulé, en juin 2013, 37 mesures avaient été tenues et 24 étaient en retard sur le calendrier annoncé, sur un total de 60[3]. On s'est vite rendu compte que la mécanique politique pour accomplir les réformes nécessitait plus de temps que prévu. Surtout que certains ministres n'étaient pas tellement pressés de tenir les promesses présidentielles, à l'image de Moscovici avec la loi de séparation des activités bancaires, de Delphine Batho avec la loi sur la tarification progressive de l'énergie, de Montebourg avec la création du contrat spécifique de relocalisation des entreprises ou de Cahuzac avec la modulation de l'impôt sur les sociétés en faveur des PME[4].

Dans le même temps, certains de nos engagements se sont révélés contre-productifs à notre arrivée en fonction. Ainsi, nous n'avons finalement pas gelé les tarifs du carburant comme nous l'avions promis, car les prix à la pompe étaient en train de baisser. Tenir notre promesse aurait pénalisé le pouvoir d'achat des Français et je pense qu'ils ont très bien compris pourquoi il nous fallait enterrer rapidement cet engagement. Bon, il faut aussi reconnaître qu'on ne s'est pas précipités pour dégainer à nouveau le dispositif quand les prix ont recommencé à remonter…

Avec le recul, je me dis que nous n'étions de toute façon pas assez bien préparés pour le job. Vous avez beau vous projeter pendant la campagne, vous ne pouvez pas tout anticiper. « *On découvre le métier. On a beau avoir de l'expérience, tout est différent* », résume mon ex-collègue des Sports et de la Jeunesse, Valérie Fourneyron. « *Au bout de quelques semaines, c'est l'agenda du réel qui s'impose, plutôt que l'agenda du programme*, renchérit Pascal Canfin, l'un des deux écolos du gouvernement Ayrault. *Le programme est une boussole mais pas une feuille de route qui nous guide l'essentiel de notre temps, c'est un dossier parmi d'autres.* » Je le rejoins : les engagements de campagne ne suffisent pas à prendre toutes les décisions nécessaires à la conduite du pays. Il faut savoir dépasser les promesses. « *Les engagements ne m'ont pas empêchée d'avoir un certain nombre d'idées et de reprendre des choses qui étaient dans les tiroirs du ministère, et avec lesquelles tout le monde était d'accord*», raconte ainsi Cécile Duflot.

J'ai un jour entendu un conseiller ministériel dire : « *On ne fait pas un quinquennat avec 60 engagements, on fait deux ans, si on ne l'a pas fait au bout de deux ans, ça veut dire qu'on ne les fera pas*». Le président de l'UDI, Jean-Christophe Lagarde, va même plus loin : pour lui, les « *mesures de catalogue annoncées par un président de la République ne sont valables que pour une année*». Bon à savoir s'il se présente un jour à la présidentielle… Mais c'est vrai que, si Jean-Marc Ayrault faisait régulièrement mention des promesses de campagne les premiers mois en conseil des ministres, assez rapidement, les 60 engagements sont passés à l'arrière-plan, derrière de nouveaux objectifs : le pacte de compétitivité dérivé du rapport Gallois ou les 34 plans de « reconquête industrielle » d'Arnaud Montebourg. Et le Premier ministre s'est de moins en moins référé aux engagements présidentiels.

Cette confrontation aux réalités du pouvoir ne m'empêche pas d'être globalement satisfaite de mon action à la tête de mon ministère. Je n'ai pas à rougir de mes résultats. Mais peu importe la qualité de notre bilan, il dépend avant tout de notre capacité à le mettre en avant auprès de l'opinion.

Dans la lessiveuse

Au quotidien, il semble quasi impossible de dicter son propre tempo politique. C'est le temps médiatique qui impose sa loi. « *On se fait manger tous les jours par l'actualité*, souffle Valérie Fourneyron. *Pour moi c'était le foot*». Un fait divers peut totalement chambouler votre agenda. Mon ancienne collègue aux Sports se souvient avec une certaine angoisse de son premier déplacement sur le terrain, au lendemain d'un terrible accident sur le rallye des Maures dans le Var qui avait fait deux morts et 19 blessés le 19 mai 2012 : « *C'est mon premier contact avec le métier de ministre, une nuée de journalistes qui m'interrogent sur ce que j'allais faire, sur les mesures de sécurité à venir… Dans ces cas-là, vous n'êtes pas en train de regarder vos propositions pour savoir dans quelle case se trouve la réponse à cette situation.* »

La confrontation aux médias a toujours fait partie du job pour un ministre, mais tout s'est accéléré ces dernières années. Les chaînes d'information en continu et l'immédiateté des réseaux sociaux imposent un nouveau rythme. Un mot de travers, une sortie malheureuse, et vous voilà envoyé à l'essoreuse médiatique. Demandez à Myriam El Khomri de vous raconter son premier passage chez Jean-Jacques Bourdin, sur BFM TV, en novembre 2015. La nouvelle ministre du Travail s'est enlisée en direct, incapable de se rappeler combien de fois il était possible de renouveler un CDD, devenant dans la foulée la risée des réseaux sociaux et des sites d'information. J'aimerais bien vous y voir devant le micro de Bourdin, tôt le matin, après un café et une revue de presse avalés en vitesse dans le taxi.

Il faut ajouter à ce temps médiatique infernal la difficulté pour le gouvernement de communiquer sur ce qui marche. « *C'est très difficile de parler du service public à des gens au chômage*, note ainsi Marylise Lebranchu, qui s'occupait notamment de la Réforme de l'État et de la Fonction publique. *J'ai fait plus de 200 déplacements pour parler de ça, et ça ne remue pas les foules, car le réflexe n'est pas de voir le service qui est rendu.* » En revanche, quand vous fermez une maternité, un bureau de poste ou un tribunal, d'un coup, cela mobilise les gens. Et comme les médias parlent davantage des trains en retard que de ceux qui arrivent à l'heure…

Comme me l'a dit un jour un conseiller de l'Élysée, c'est la règle du jeu et il faut savoir l'accepter : « *Le journal des bonnes nouvelles s'agissant de l'action politique, ça n'existe pas et c'est normal dans le cadre démocratique. Un pays dans lequel les journalistes disent que le pouvoir fait bien son travail, ça s'appelle une dictature.* » Du coup, votre marge de manœuvre politique va aussi dépendre du climat ambiant, de l'actualité, de l'intérêt des médias. Sébastien Soriano, ancien directeur de cabinet de Fleur Pellerin aujourd'hui président de l'Autorité de régulation des communications électroniques et des postes (Arcep), remarque par exemple que « *le numérique a pris une place totalement différente dans les médias au fil du quinquennat. Au début, on ramait dans le vide parce que les médias ne s'intéressaient pas au sujet, puis ce sont devenus des sujets importants.* » Est-ce grâce au boulot de Fleur Pellerin ou à la conjoncture ? Difficile à savoir…

Parfois, vous vous donnez à fond pour tenir une promesse et les journalistes semblent s'en moquer. C'est un peu mon sentiment pour ce qui est de la Banque publique d'investissement, le premier des 60 engagements de François Hollande. « *Tout le monde se dit "bon, ok il l'a fait",* me rappelait un proche du président, *mais créer un établissement financier de cette ampleur-là, dans un écosystème qui peut sembler conservateur et avec de grands opérateurs déjà présents, c'est un tour de force.* » Pourtant, dans les médias, à part la nomination de Ségolène Royal comme vice-présidente, ce sujet n'a malheureusement pas déclenché les passions.

Attention, les médias ne sont pas toujours les ennemis du pouvoir politique. « *Parfois la presse sert d'aiguillon et permet de dépasser le blocage des corps intermédiaires* », m'a un jour répondu un ami à l'Élysée alors que je m'énervais contre la couverture d'un hebdomadaire qui tournait le président en ridicule. Ils peuvent aussi se montrer favorables à certaines de nos décisions – le mariage pour tous, l'intervention au Mali ou en Centrafrique –, ou dire, cela leur arrive quand même, que certaines de nos réformes fonctionnent bien ou satisfont les personnes qui en bénéficient – comme par exemple avec la généralisation du tiers payant[5].

Maudits technos

Le plus douloureux dans le job de ministre, c'est finalement de transformer les idées en actes. On pense qu'il faut avant tout élaborer une stratégie pour convaincre tous les acteurs concernés et s'assurer d'une bonne couverture de presse. Mais la première mission d'un ministre, c'est d'abord de gérer son administration – ce qui demande beaucoup de patience. Valérie Fourneyron m'a confié son dépit devant certains cadres qu'elle ne jugeait pas assez compétents : « *Il y avait beaucoup de "bleus" dans l'histoire.* » Il faut dire que pour les jeunes hauts fonctionnaires qui sortent de l'Ena, le ministère des Sports est rarement le premier choix.

L'amateurisme n'est malheureusement pas le seul problème. Comme d'autres, je me suis aussi heurtée à des barrières idéologiques au sein même de mon administration, même si ce n'était rien à côté du ministère des Finances. « *Il y a un vrai problème à Bercy, notamment avec l'Inspection générale des finances*, m'a un jour raconté Marylise Lebranchu, qui a côtoyé cette administration pendant presque quatre ans. *Il y a une pensée dominante et ces gens-là sont surcotés par rapport à ce qu'ils sont. C'est un vrai problème d'impartialité par rapport au politique. Ils n'écoutent pas assez de voix différentes.* »

Exemple concret de cette doxa : les effets de l'austérité. La grande majorité des hauts fonctionnaires de Bercy estiment que la seule solution pour faire décroître la dette, c'est de tailler dans les dépenses publiques. Or, les experts sont loin d'être d'accord sur le sujet. Pour les Économistes atterrés, par exemple, c'est au contraire en conservant des dépenses publiques élevées qu'on peut doper la croissance et éviter la récession, qui fait gonfler le poids de la dette.

Même quand l'économiste en chef du Fonds monétaire international (FMI), Olivier Blanchard, a reconnu en 2013 qu'il avait sous-estimé les effets récessifs de l'austérité, les fonctionnaires de Bercy sont restés sur leurs idées reçues. Qu'importe, me direz-vous, si les ministres font jouer leur autorité. Le problème, c'est que les « technos » sont en mesure de bloquer le système et ils le savent. Quand ils ne sont pas d'accord, ils n'hésitent pas à vous rendre la vie impossible. « *C'est très difficile de ramer quand vous avez un directeur du Trésor ou des Finances publiques qui pense le contraire de vous. Les équipes ne vous apportent pas les éléments que vous demandez pour des simulations, par exemple* », ajoute Lebranchu. Le problème démocratique me semble évident, puisque ces gens ne bénéficient pas de la légitimité des urnes, alors qu'ils possèdent un pouvoir déterminant sur l'orientation politique du pays.

Il faut dire aussi que la gauche n'a pas eu le courage de mettre en place un véritable *spoil system* à l'américaine. Ce système des dépouilles permet de remplacer une partie de l'administration pour s'assurer de sa loyauté. En arrivant, la gauche s'est montrée trop prudente et n'a pas osé virer les directeurs d'administration. Marylise Lebranchu partage mon point de vue : « *Il faut moins de gens dans les cabinets et que les directeurs des administrations centrales soient en loyauté de pensée avec vous.* »

« *Arrivé aux responsabilités, Hollande a gardé les mêmes structures de pouvoir*, tacle le blogueur et assistant parlementaire Authueil[6], plutôt classé à droite. *Dans l'administration, les cabinets ministériels, là où s'exerce le pouvoir technique de mise en œuvre, une moitié de l'ENA a remplacé l'autre moitié. Ce sont des clones. Même profil, même façon de réagir : comment attendre un changement quand ce sont les mêmes personnes ? Résultat, ils ont continué à mener la même politique et il n'y a pas eu de changement majeur.* »

François Hollande, issu de la promotion Voltaire de la prestigieuse école de l'administration, n'a pas su rompre avec les us et coutumes de ce qu'Aurélie Filippetti qualifie d'« énarchie ». « *On est encore sous un ancien régime avec une caste de privilégiés qui ne risque strictement rien et qui donne des leçons à la terre entière, des hauts fonctionnaires qui arrivent après les élections et qui repartent au lendemain de la défaite.* »

Même au gouvernement, les profils technos ont pris l'ascendant sur les politiques : « *Macron, Sapin… tous les gros ministres sont des technos dont on se demande même s'ils sont de gauche*, raille Autheuil. *Le résultat, c'est qu'il n'y a pas d'impulsion politique, plus de Taubira ou de Montebourg qui tapent sur la table et sont capables de dire* : "*On veut ça, démerdez-vous pour le faire.*" » Comme me le rappelait par ailleurs un ami à l'Élysée, il est de la responsabilité du ministre de mettre en marche ses services, « *de mettre son administration en tension en lui fixant des objectifs ambitieux* ». Sinon, poursuit Autheuil, « *l'administration va où elle veut en attendant que le ministre parte pour que l'élastique revienne à sa place* ».

Reste que la compétence des hauts fonctionnaires est indispensable au fonctionnement de l'État. « *Heureusement que j'avais un énarque de mon côté, parce que derrière chaque mesure il y a une technicité énorme*, confirme Michèle Delaunay, qui gère le portefeuille des Personnes âgées. *On ne prend pas une mesure en augmentant un peu par-ci, en baissant par-là… Tout choix a des répercussions et il est donc bon que des techniciens entrent en jeu, car vous ne pouvez pas faire une loi simplement avec le cœur* ». Marcel Gauchet regrette d'ailleurs que le politique prenne parfois le pas sur l'administratif. « *On a besoin de gens compétents avec qui on n'est pas d'accord ! Aujourd'hui, on a tendance à prendre des affidés politiques sans compétence technique* », nous reproche le philosophe[7].

Le bal des lobbies

Autour des responsables politiques bourdonnent souvent pas mal de représentants de groupes d'intérêt. Lors de la campagne, vous pouvez faire appel à eux pour vous familiariser avec certains sujets, car si leur discours peut être biaisé, ils sont experts dans leur domaine de compétence. De toute façon, ils ne disparaissent pas par magie après l'élection. « *Il y a la première manche sur les engagements de campagne, et la deuxième manche avec les acteurs concernés qui viennent s'exprimer après l'élection, qui essaient de faire avancer des idées qui ne sont pas passées pendant la campagne* », analyse l'ancien conseiller ministériel Sébastien Soriano.

« *Une fois au pouvoir, chaque microdécision fait l'objet de pressions de groupes d'intérêts* », confirme Pascal Canfin, mon ancien collègue au Développement. Leur présence ne veut pas dire qu'on les écoute toujours. En tant qu'experts, ils peuvent même se révéler utiles. « *Je trouve ça normal qu'ils existent, qu'ils donnent leur avis et qu'on les écoute* », convient ainsi Cécile Duflot. Mais il faut parvenir à les maintenir à une distance raisonnable pour ne pas se laisser dicter sa conduite. « *Quand ils prennent le pas, qu'ils vous empêchent d'agir en intervenant au-dessus de vous, là ça devient problématique* », poursuit Duflot, qui ne s'est toujours pas remise du « détricotage » de sa loi Alur (accès au logement et urbanisme rénové), après son départ du gouvernement. Et elle n'a pas tort. C'est à cause des professionnels de l'immobilier que l'encadrement des loyers n'a pas dépassé le stade de l'expérimentation à Paris et dans quelques villes volontaires[8], alors que le candidat Hollande s'y était engagé pour l'ensemble du territoire. Quant à la garantie universelle des loyers, qui devait rassurer les propriétaires en les protégeant pendant 18 mois contre les loyers impayés, elle a été tuée dans l'œuf par Manuel Valls[9] parce qu'elle était « *trop coûteuse et trop complexe à instaurer* », mais aussi à cause de la pression des assureurs privés, qui voyaient leur business attaqué.

Autre exemple de lobbying qui ne prend même pas la peine de dissimuler son visage, parce que prendre l'opinion à témoin peut être tout aussi efficace qu'agir discrètement : la montée au créneau des clubs de football professionnels contre la taxe à 75 %. Multipliant les rencontres, les négociations et les pressions, allant même jusqu'à menacer de faire grève, les patrons de clubs ne sont pas étrangers à l'aménagement confortable auquel nous avons consenti : la contribution sur les salaires supérieurs à 1 million d'euros due par les entreprises a été plafonnée à 5 % de leur chiffre d'affaires, afin d'éviter une imposition trop lourde. « *Sur les modalités d'application de la taxe, il y a eu des prises en compte de la situation financière des clubs pros* », me confirme Valérie Fourneyron, qui reconnaît que les clubs professionnels ont « *pesé* ». Elle se souvient notamment d'une réunion cruciale à l'Élysée sur le sujet.

Mais elle n'est pas aussi pessimiste que moi sur le jeu des groupes de pression. Pour elle, le dialogue a par exemple rendu réalisable l'engagement oral de François Hollande auprès des victimes de la catastrophe de Furiani[10] pour soutenir la transformation du 5 mai en un « jour sans football ». Dès son arrivée au ministère, elle a engagé une discussion avec les différents acteurs – de la Ligue de football professionnel aux associations – pour réfléchir à la faisabilité de l'engagement.

« *C'est ce temps d'échanges qui conduit à ne pas aller jusqu'à l'interdiction de tout match sur les terrains français le 5 mai*, détaille-t-elle. *Certes, on n'est pas allés au bout, mais on ne les a pas non plus maltraités.* » Après trois années de discussions, Furiani a finalement été reconnu comme un drame national. Un hommage sera désormais rendu le 5 mai de chaque année par les clubs de football dans l'ensemble de l'Hexagone, avec le port de brassards noirs par les joueurs. Et si le 5 mai tombe un samedi, aucun match ne se jouera, à tous les niveaux du football français – même en amateur.

Merci les amis

Il n'y a malheureusement pas que les lobbies. De manière plus surprenante, les parlementaires de votre propre camp peuvent également entraver votre action. Marylise Lebranchu, qui avait préparé bien en amont le nouvel acte de décentralisation promis par François Hollande, en a fait la douloureuse expérience : « *Mon regret : on avait une loi-cadre préparée avant l'élection avec une trentaine d'articles, mais le Sénat a voulu imposer sa vision des choses, et on a été obligés de tenir compte de son avis.* » En matière de collectivités territoriales, le Sénat commence en effet la navette parlementaire, et comme le gouvernement ne peut lui opposer un passage en force avec l'article 49-3 de la Constitution, son avis est déterminant. Et les sénateurs avaient une vision assez différente. « *Même la majorité de gauche n'a pas suivi, car les élections sénatoriales se profilaient, et les sénateurs ont cru qu'il fallait infléchir ces textes-là pour être élus par les grands électeurs* », estime Lebranchu. Résultat : une réforme qui a mécontenté à peu près tout le monde, des couleuvres à avaler et de nombreux regrets.

Le projet a été adopté en trois temps, avec la loi de janvier 2014 sur les métropoles, celle de janvier 2015 sur le redécoupage des régions et celle d'août 2015 baptisée NOTRe (pour « Nouvelle organisation territoriale de la République »), dont le but est d'ajuster les diverses compétences des collectivités. « *Cette réforme, c'est une catastrophe*, tranche Aurélie Filippetti, *il y a une désorganisation totale des services de l'État et cela va nous coûter beaucoup d'argent au final… et tout ça pour pas grand-chose.* » Je la rejoins quand elle accuse les barons du PS et du Parti radical de gauche implantés dans les conseils généraux d'avoir empêché une vraie réforme qui aurait fait changer les choses : la suppression des départements. « *Là, on se retrouve juste avec une réforme de la carte des régions, sans réel transfert de compétence… donc beaucoup de bazar pour peu de sens* », résume-t-elle.

L'obstruction peut se produire également au sein même du gouvernement. À peine nommée ministre déléguée aux PME, à l'Innovation et à l'Économie numérique, Fleur Pellerin a dû composer avec les petites rancœurs politiques. « *Sur l'innovation, on n'était pas du tout préparés en arrivant au ministère, car c'est Geneviève Fioraso qui avait été en charge de cette thématique pendant la campagne,* raconte Sébastien Soriano, son ancien directeur de cabinet. *On a dû partir d'une feuille blanche et il a fallu plusieurs mois à Fleur Pellerin pour développer une nouvelle approche, centrée sur l'entrepreneuriat et les startups – à laquelle Geneviève Fioraso s'est d'ailleurs beaucoup opposée en tant que ministre de l'Enseignement supérieur et de la Recherche.* » La collaboration de vos collègues apparaît vite indispensable si vous souhaitez faire avancer vos dossiers, surtout quand vous cohabitez avec six autres ministres à Bercy. « *On a réussi à faire des choses plus ambitieuses, notamment sur le financement et la fiscalité des start-up, dès que Fleur Pellerin a convaincu Hollande de l'importance de ces sujets et réussi à nouer des alliances avec Moscovici à l'Économie et Cazeneuve au Budget* », ajoute Soriano.

Parfois, c'est l'exécutif qui tente directement de vous freiner, de vous ralentir en fonction des priorités, de l'agenda politique et médiatique. Ainsi, certaines réformes auraient sans doute mérité d'être votées plus rapidement en début de quinquennat, comme le dit Cécile Duflot : « *Il faut que, dans les trois premiers mois, un certain nombre de mesures soient adoptées. Je pense par exemple que le mariage pour tous aurait dû être voté dès l'été comme l'abolition de la peine de mort en 1981* ». Même si nous comprenions la volonté de concertation et de dialogue de Hollande, nous avions du mal à masquer notre frustration de voir certaines de nos réformes s'enliser ou repoussées à plus tard.

Demandez à Dominique Bertinotti son avis sur l'ouverture de la procréation médicalement assistée aux couples de femmes. Promesse présidentielle, la PMA, d'abord annoncée pour 2013, n'a finalement jamais été mise en œuvre, alors qu'elle y était résolument favorable en tant que ministre de la Famille. Hollande a eu peur de voir redescendre dans la rue la Manif pour tous. Pour ne pas perdre la face, on a gagné du temps en se réfugiant derrière l'avis du Comité consultatif national d'éthique, dont la publication a été sans cesse retardée… jusqu'à ce que Laurence Rossignol, la successeure de Bertinotti, assume enfin en 2016 notre renoncement définitif en repoussant la promesse à un hypothétique nouveau mandat : « *Le candidat de gauche, qui sera candidat en 2017 et élu en 2017, portera incontestablement cet engagement*[11]. »

En vous demandant de lever le pied, Matignon ou l'Élysée ne sont pas toujours mal intentionnés et cherchent parfois simplement à vous aiguiller au mieux. Cécile Duflot reconnaît avoir fait une erreur d'interprétation quand l'exécutif lui a demandé de prendre le temps de la consultation sur sa loi logement au début du quinquennat : « *J'ai cru qu'ils essayaient de me piéger, mais avec le recul ce n'était pas du tout pervers de leur part, c'était très sincère, il y avait l'idée de ralentir les choses pour apaiser.* »

L'ensemble de ces contraintes restreint votre marge de manœuvre et donne parfois l'impression qu'il est extrêmement compliqué de faire bouger les choses. Comme le dit Pierre Rosanvallon[12] : « *Il est objectivement difficile de réformer le pays tant les coalitions négatives sont toujours les plus faciles à former. Il en résulte mécaniquement une certaine préférence pour l'immobilisme.* » Dit autrement, le plus facile est de ne rien faire.

Jouer des coudes

Il est pourtant toujours possible de faire sauter les verrous avec un peu d'énergie. Pour cela, vous avez besoin de soutiens dans les plus hautes sphères pour faire entendre votre point de vue. « *Si c'était à refaire, je commencerais par avoir des appuis très puissants à Matignon et à l'Élysée*, regrette Valérie Fourneyron. *Un ministre des Sports doit avoir le soutien des conseillers sport de l'exécutif pour faire passer des choses et j'ai sous-estimé leur importance.* » Effectivement, le cabinet d'un ministre ne suffit pas. Si vous ne vous battez pas pour mettre vos priorités sur la table, les conseillers de l'exécutif ne pousseront pas les portes à votre place, car comme le dit Fourneyron, « *ils sont avant tout animés par une prudence permanente, toujours attentifs à ne pas faire d'erreur* ».

Une bonne part de mon travail a donc consisté à faire entendre ma voix dans les hautes sphères de décision. « *Une partie de l'énergie du politique consiste à imposer ses choix et à faire bouger les lignes au sein de l'appareil d'État* », résume Pascal Canfin, qui a suivi de près l'application des promesses présidentielles sur le nucléaire, en tant qu'écologiste. Hollande candidat avait notamment promis de réduire la part du nucléaire de 75 % à 50 % dans notre production d'électricité à l'horizon 2025. « *Or, sur ce dossier, il y a une très forte cohérence de pensée entre EDF et l'appareil d'État ; du coup, pour faire bouger les lignes, il faut une énergie politique colossale* », analyse mon ancien collègue, qui dirige maintenant l'ONG WWF France.

Dans ce dossier, la mauvaise volonté politique se remarque à un pouvoir politique qui traîne des pieds. « *Du premier jour où la gauche arrive au pouvoir, une partie de l'appareil d'État, d'EDF et de l'équipe de campagne de François Hollande a voulu gagner du temps*, détaille Pascal Canfin, *du coup, la loi de transition énergétique n'a été votée que trois ans après l'arrivée de François Hollande à l'Élysée et les décrets seront écrits quatre ans plus tard.* » Au bout du compte, la feuille de route qui décide concrètement de la fermeture des centrales nucléaires ne devrait pas voir le jour avant 2019. À la tête de l'État, on ne s'est pas précipité pour mettre en œuvre cette promesse de réduction du nucléaire, comme me le confirme Canfin : « *Le portage politique normal d'une telle promesse, c'est deux ans. Logiquement, la mise* en œuvre concrète de cet engagement aurait dû intervenir en 2014, plutôt que de renvoyer la mise en œuvre effective des choix sur le nucléaire au prochain quinquennat. » Mais la volonté politique ne suffit pas toujours. Elle se doit de rencontrer une aspiration suffisante dans la société pour engager le rapport de force. Et pour une majorité de Français, l'énergie nucléaire reste pour l'instant un atout qui ne doit pas être abandonné[13].

Avoir l'opinion publique de votre côté n'est de toute façon pas suffisant, si celle-ci n'est pas structurée. « *La capacité de la société à s'organiser autour de collectifs qui incarnent une pression sur le politique est décisive* », assure encore Pascal Canfin, qui n'oublie pas comment les « bonnets rouges » sont parvenus à faire reculer le gouvernement sur l'écotaxe[14]. Il donne aussi l'exemple de la taxe sur les transactions financières (TTF) européenne : une mesure « *très fédératrice* » dans l'opinion publique, « *mais pour laquelle aucune force n'est vraiment mobilisée dans la société, alors qu'en face il existe des lobbies très organisés pour s'y opposer* ».

Ce n'est pas un hasard si cette TTF met tant de temps à se mettre en place. Initialement prévue pour entrer en vigueur dans onze pays européens en 2013, la taxe a été repoussée, critiquée, modifiée... Le projet est devenu objet de plaisanteries dans les couloirs de Bruxelles et suscite désormais plus d'indifférence que d'enthousiasme. Les dix pays encore parties prenantes au projet ne savent plus comment se débarrasser de cette arlésienne et ne cessent de repousser le moment de trancher entre un abandon et un compromis minimaliste.

Ciel, mon budget

L'étape des arbitrages budgétaires demeure l'un des pires souvenirs de ma vie de ministre. Dans un contexte de maîtrise des déficits imposée par l'exécutif, il s'agit de se battre à tous les échelons pour le moindre euro. J'entends encore l'indignation de Cécile Duflot après sa rencontre avec le ministre du Budget, Jérôme Cahuzac. La ministre du Logement pensait pouvoir s'appuyer sur les promesses de campagne et sur le discours de politique générale du Premier ministre Jean-Marc Ayrault annonçant des moyens doublés pour son secteur, mais elle est tombée face à un mur.

« *Mon équipe m'avait alertée sur une possible baisse après les réunions préparatoires, mais je me disais que c'était du "bullshit". On va parler politique et je vais lui expliquer que je ne peux pas aller voir les gens en disant qu'on va faire plus de logements sociaux avec moins d'argent*, se souvient-elle. *Jérôme Cahuzac m'a dit très vite : "oui, oui, je n'arrête pas de voir des gens qui me disent le président a dit ça à Boulogne, le Premier ministre a dit ça à Dijon… qu'est-ce que j'en ai à foutre moi ?" Comme opération déniaisage, c'était très efficace !* »

La désillusion est un sentiment assez bien partagé dans les couloirs du pouvoir. Rue de Valois, Aurélie Filippetti s'est arraché quelques cheveux quand elle a vu le budget de la Culture baisser deux années d'affilée, alors même que François Hollande s'était engagé à le « *sanctuariser* » pendant la campagne. Elle raconte encore avec amertume comment elle a tenté de sauver sans succès son enveloppe : « *Ce fut très difficile. D'abord, je me suis battue à Bercy, puis j'ai demandé l'arbitrage du Premier ministre, et là je me suis quasiment fait traiter d'hystérique. Ensuite, j'ai essayé de convaincre le président et j'ai réussi à sauver au moins la partie "emplois" du budget.* »

Quand la décision de l'exécutif vous est défavorable, vous devez vous résoudre à des choix douloureux de coupes budgétaires. « *Personnellement, j'avais essayé de rationaliser pour faire peser les économies sur les gros établissements, où il y avait un petit peu plus de marge. Mais c'était quand même très, très difficile* », témoigne Filippetti. Il faut assumer aussi publiquement votre défaite et la baisse de votre budget sur les plateaux de radio et de télé.

Certains, comme Delphine Batho, ont tenté d'abattre leur dernière carte en dénonçant publiquement les choix de l'exécutif afin d'obtenir une décision plus favorable. Au moment de l'annonce des arbitrages pour le budget 2014, la ministre de l'Écologie a osé parler de « *mauvais budget* », en direct sur RTL, pour protester contre la baisse de 7 % de son enveloppe budgétaire. Elle a été évincée le soir même pour manquement à la solidarité gouvernementale.

Delphine Batho est longuement revenue sur cet épisode dans un livre[15], où elle détaille ses échanges avec Jean-Marc Ayrault : « *Je lui dis que je ne démentirai pas mes propos, que je ne partirai pas, qu'il y a un problème sur la place de l'écologie et de la transition énergétique dans les décisions de notre gouvernement.* » Mon ancienne collègue a beau s'appuyer sur les promesses présidentielles pour argumenter, la conversation se durcit. Elle comprend alors qu'elle se dirige vers la sortie au moment où le Premier ministre met fin sèchement à la conversation : « *Tu mets en cause la politique gouvernementale, c'est ça le plus grave* [...] *la confiance est rompue.* »

François, il faut qu'on parle !

Outre les arbitrages budgétaires, il faut aussi se battre âprement pour le périmètre de chaque loi. Vous commencez par faire vous-même du lobbying auprès des autres ministères pour vous mettre d'accord, car les lois contiennent souvent des mesures transversales. Puis les décisions se prennent en réunion interministérielle, les « Rim » dans notre jargon. « *C'est l'horreur absolue*, s'écrie Michèle Delaunay, *tous les directeurs de cabinet arrivent avec des consignes, et toutes les mesures sont évaluées financièrement, mais aussi sur leur impact dans tout un tas de domaines... et à la fin, c'est le plus fort qui gagne.* »

Si la « Rim » tourne à votre désavantage, vous avez toujours la possibilité d'appeler Matignon à la rescousse. « *Il m'est arrivé de demander un entretien avec le Premier ministre en raison d'un litige, et si au bout du compte cela me paraissait toujours inacceptable, je lui demandais de trancher et de ne pas entériner la "Rim"*», détaille Delaunay.

Certains poids lourds du gouvernement n'hésitent pas à taper directement à la porte de l'Élysée pour faire pencher la balance de leur côté. C'est ce qui passé avec Manuel Valls, qui s'est opposé avec force en tant que ministre de l'Intérieur à la réforme pénale concoctée par Christiane Taubira à l'été 2012, en détaillant ses griefs dans une lettre adressée directement à Hollande[16]. Lobbying visiblement fructueux, puisque le texte qu'a dû présenter la garde des Sceaux était «rééquilibré» sur les aménagements de peine. Les personnes condamnées à des peines inférieures à deux ans (un an pour les récidivistes) pouvaient jusqu'alors éviter la prison grâce à un aménagement de leur peine en milieu ouvert, mais Valls a obtenu que ces seuils soient abaissés à un an et six mois. Taubira a quand même réussi à imposer son point de vue sur les mesures phares du projet, comme la suppression des peines plancher ou la création de la contrainte pénale, cette nouvelle peine de probation qui offre une alternative à l'enfermement. Elle a surtout pris sa revanche sur Valls au Parlement, où des amendements de députés ont rétabli sa vision des aménagements de peines.

La manie des principaux ministres à se servir de Matignon ou de l'Élysée pour tenter de contourner l'une des deux têtes de l'exécutif a une conséquence fâcheuse : elle installe des tensions et une rivalité entre le président et son chef de gouvernement. Si François Hollande a respecté à sa promesse de ne pas traiter ses Premiers ministres de collaborateur à la mode Sarkozy, il a quand même montré quelques signes de nervosité devant les provocations de Manuel Valls.

La guerre entre ministères explique en partie pourquoi la limitation du nombre de conseillers a été si difficile à respecter pour les ministres, car plus votre équipe est importante, plus vous avez l'impression de pouvoir peser et d'être présent sur les dossiers. François Hollande avait pourtant annoncé pendant la campagne sa volonté de restreindre les cabinets au strict nécessaire. Il avait alors évoqué le nombre de 10, tout en précisant qu'il serait possible de l'adapter pour les ministères « *les plus importants* ». Jean-Marc Ayrault avait repris l'engagement lors du premier conseil des ministres en plaçant la limite à 15 collaborateurs pour les ministres et 10 pour les ministres délégués. Un quota totalement explosé tout au long du quinquennat[17] – qui n'a pas aidé au respect de la règle fixée par le président aux conseillers de ne pas s'exprimer dans les médias.

Silence, on gouverne

Gouverner, j'allais le découvrir, c'est aussi apprendre à se taire. La règle était claire : quand un arbitrage a été rendu, que ce soit en votre faveur ou non, vous êtes censé l'accepter et la boucler. Nombre de mes collègues n'avaient pas très bien intégré cette règle au début du quinquennat. Résultat, on a fait très fort au niveau des « couacs ». « *De Charybde en Scylla* », dira même Michèle Delaunay.

Je me souviens de la première sortie de route, le 17 mai 2012, au lendemain de la constitution du gouvernement. À peine installé au ministère de l'Éducation, mon collègue Peillon est tellement pressé de concrétiser la promesse présidentielle sur la réforme des rythmes scolaires qu'il claironne sur France Inter que le retour de la semaine de cinq jours à l'école primaire interviendra dès la rentrée 2013. Il faut dire qu'il avait travaillé sur ce sujet pendant la campagne et qu'il pensait n'avoir pas une minute à perdre.

C'était oublier un peu vite les réticences des syndicats et des parents d'élèves, qui ont immédiatement levé leurs boucliers pour dénoncer une méthode autoritaire, à rebours de l'engagement des socialistes de ne rien faire sans les consulter. Résultat :

Jean-Marc Ayrault a été obligé de recadrer publiquement Peillon en promettant que la réforme ne se ferait qu'à l'issue d'une concertation en bonne et due forme. L'affaire était close, mais a laissé des traces, quand on regarde dans quel bourbier s'est ensuite enlisé mon ex-collègue sur cette réforme à cause de son mauvais départ.

Mais ce «couac» n'était que le premier d'une longue série. Peu de temps après, Cécile Duflot, puis à nouveau Vincent Peillon, ont fait grincer les dents de leurs collègues en suggérant une réflexion sur la dépénalisation du cannabis, à l'encontre de la position de fermeté affichée par le gouvernement. L'opposition s'est bien sûr précipitée pour dénoncer la «*gauche pétard*» et notre supposé double discours. «*C'est un problème de maturité*, tacle le député PS Jean-Marie Le Guen[18], *certains de mes amis ne font pas bien la différence entre le fonctionnement du Parti socialiste et celui de la politique devant la société.*» Réflexion cocasse, quand on sait qu'il commettra exactement le même impair sur le cannabis trois ans plus tard, après être devenu entre-temps secrétaire d'État aux Relations avec le Parlement…

«*Quelques ministres ont fait leur apprentissage, et parfois se sont laissé aller à des commentaires qui n'avaient pas grand-chose à voir avec leur ministère*[19]», expliquera Jean-Marc Ayrault à propos de ces «couacs» à répétition. Le Premier ministre a bien promis la fin des dissonances et réclamé plus de discipline à l'ensemble d'entre nous. Sans grand succès, vu comment se sont multipliés les déclarations contradictoires sur le droit de vote des étrangers, les affrontements sur la gestion des camps de Roms, les divisions sur le traité budgétaire européen et les désaccords sur la PMA… Le point commun de beaucoup de ces polémiques : elles concernent des promesses de campagne de François Hollande. Au sein du gouvernement, il y a ceux, comme moi, qui accordent de l'importance à la parole donnée, et ceux qui préfèrent mettre en avant l'adaptation au réel, aux circonstances.

Je ne peux pas reprocher à l'exécutif d'avoir tenté de maîtriser la communication pour donner une impression de cohérence qui n'existait pas. « *Il y a eu une absence de cohésion. Tout a été occulté par des affaires de personnes. À Bercy, personne n'était d'accord*, se souvient Nicole Bricq. *Les socialistes parlent toujours aux journalistes, dans une culture très "solférinesque". Le président affirmait pourtant en conseil des ministres : "une fois la décision prise, on ne va pas la refaire !"* ». Je me souviens effectivement très bien du sermon de François Hollande : « *Un gouvernement, ce n'est pas une addition d'individualités, c'est un ensemble qui a son identité, son image, sa personnalité. Et aussi son chef. C'est ainsi que vous devez agir. En équipe. Il peut y avoir des débats au sein du gouvernement. Mais une fois l'arbitrage du Premier ministre intervenu, sous mon autorité, il vous engage, sans restriction, sans exception et sans exclusive*[20]. »

Le problème c'est que, contrairement à ce que voulait le président, le conseil des ministres n'était pas vraiment un lieu d'échanges passionnés. « *Il y a eu quelques débats, mais comme il fallait colmater les fuites pour éviter les "couacs", on était prévenus à la dernière minute. Le CICE, on n'a eu le dossier de presse qu'en conseil des ministres* », se souvient Cécile Duflot. « *Dès le début, ce qui m'a frappé, c'est l'absence de ciment politique dans l'équipe*, confirme Benoît Hamon, *chacun y allait avec ses notes, on parlait les uns après les autres, on ne s'interpellait pas, on ne discutait pas. Chacun était dans son couloir de nage, sans aucun sens de la collégialité*[21]. »

Je rejoins Cécile Duflot quand elle explique que ce manque de dialogue encourageait les dissonances. « *C'est ce que j'expliquais à Jean-Marc Ayrault : je peux gueuler sur mes positions, mais une fois que j'ai compris le rapport de force et que je vois que la position est un point d'équilibre, je la tiendrai, parce qu'au moins j'aurais pu m'exprimer. Mais quand je dois subir des choses sur lesquelles je n'ai même pas donné mon avis et expliquer ensuite que c'est formidable, ce n'est pas possible.* » Si l'ancienne patronne d'EELV a provoqué tant de « couacs » en tant que ministre, assure-t-elle, c'est aussi parce qu'elle ne se sentait pas écoutée.

La fronde des « pigeons » a magnifiquement illustré les dangers de l'absence de concertation. Il s'agissait de ces créateurs d'entreprises qui sont montés au créneau quand ils ont découvert les mesures fiscales du budget 2013. Pour honorer la promesse de François Hollande de taxer les revenus du capital à hauteur de ceux du travail, le gouvernement avait prévu d'augmenter l'imposition des plus-values lors d'une cession d'entreprise (à hauteur de 60 %, soit 45 % d'impôt sur le revenu et 15,5 % de prélèvements sociaux). « *Ce que nous voulons taxer ce n'est pas le risque, c'est la rente* », avait alors expliqué Moscovici. Mais le gouvernement a voulu éviter les fuites dans la presse et les organisations professionnelles n'ont pas été consultées, pas plus que certains ministres qui, comme moi, ont découvert l'affaire dans les médias. Résultat, nous nous sommes laissés surprendre par la violence de la fronde et avons été contraints de reculer.

Pour expliquer ce désordre, j'avancerai encore une explication : le manque d'autorité de l'exécutif, à commencer par Jean-Marc Ayrault. L'ancien maire de Nantes s'est trop facilement laissé marcher sur les pieds. Je me souviens notamment de son affrontement avec Arnaud Montebourg sur le dossier Florange à l'automne 2012. Pour sauver les emplois du site industriel lorrain, le ministre du Redressement productif propose la nationalisation. Une option qui n'est pas jugée sérieuse par Matignon qui récupère le dossier. Montebourg menace alors de démissionner et, sur demande de l'Élysée, Ayrault se retrouve contraint de retenir son ministre frondeur. Il l'invite à déjeuner et les insultes fusent : « *Tu fais chier la terre entière avec ton aéroport de Notre-Dame-des-Landes dont tout le monde se fout. Tu gères la France comme le conseil municipal de Nantes*[22]. » Les mots sont violents, mais François Hollande ne sanctionne pas son tempétueux ministre. « *Face à une personnalité forte comme Montebourg, qui se sentait protégé par son score à la primaire,*

Ayrault a très vite souffert d'un manque de poids politique, et ça s'est ressenti dans les arbitrages », tentera d'expliquer l'ancien ministre délégué à la ville François Lamy[23].

« *Quand on bordélise son chef de gouvernement, qu'on a une relation proche avec un certain nombre de ministres, il ne faut pas s'étonner après que le Premier ministre n'ait plus d'autorité,* tacle le blogueur Authueil. *Tous les Sapin, Le Foll, Le Drian, qui sont d'ailleurs ceux qui restent, ce sont des proches de Hollande, qui ont une ligne directe avec lui. Et qui, s'ils ne sont pas content des arbitrages d'Ayrault, vont aller chercher celui de l'Élysée.* »

La nomination de Manuel Valls à Matignon en 2014 devait permettre de supprimer les fausses notes avec une partition gouvernementale présentée comme plus cohérente autour d'une équipe resserrée. « *Moi, j'attends toujours les résultats après les leçons de professionnalisme* », pique Duflot, qui a claqué la porte du gouvernement à l'arrivée de Valls. Effectivement, sans même parler des tweets de Christiane Taubira, les sorties non sanctionnées d'Emmanuel Macron sur la déchéance de nationalité, sur la suppression de l'impôt de solidarité sur la fortune (ISF) ou l'encadrement des rémunérations des patrons montrent que le gouvernement n'est pas parvenu à rompre avec cette spirale des « couacs ».

Mission : exemplarité

« *Moi président de la République, il y aura un code de déontologie pour les ministres qui ne pourraient pas rentrer dans un conflit d'intérêt.* » Avec ce morceau d'anaphore prononcé lors du débat d'entre-deux-tours en 2012, François Hollande s'était engagé en notre nom. Cette charte de déontologie voulait imposer aux ministres « *solidarité, concertation, transparence, impartialité, disponibilité, intégrité et exemplarité* ». Et nous avons tous apposé notre nom en bas du document à notre arrivée au gouvernement.

Les bonnes intentions ne se transforment malheureusement pas toujours en actes. Le texte nous demandait de consacrer tout notre temps à l'exercice de nos fonctions ministérielles et de renoncer à nos «*mandats exécutifs locaux*». Mais, en 2014, Frédéric Cuvillier s'est présenté aux municipales et a repris le siège de maire de Boulogne-sur-Mer qu'il avait abandonné à la demande de Jean-Marc Ayrault en 2012. Dix jours après, il faisait son retour au gouvernement comme secrétaire d'État aux transports en conservant son fauteuil municipal. Pendant cinq mois, jusqu'à son nouveau départ du gouvernement en août, il a tranquillement cumulé, tenant tête à sa ministre de tutelle Ségolène Royal, au Premier ministre Manuel Valls et au président François Hollande, sans autre excuse que son envie de se consacrer à sa ville : «*J'arrive à être à Boulogne-sur-Mer trois jours par semaine. Pourquoi je changerais de vie sous prétexte d'être ministre ?*» Une désinvolture qui est allée jusqu'à faire dire à son adjoint Jean-Claude Étienne : «*La charte "hollandaise" n'est pas la loi. Pour l'instant, aucune procédure ne l'oblige à changer*[24].» Je me suis laissé dire que ce traitement de faveur pouvait s'expliquer par la «fleur» qu'il avait faite à Ségolène Royal en acceptant de travailler sous sa houlette, alors que tout le monde avait refusé la proposition. On croit rêver…

François Rebsamen, l'ami du président, a essayé de faire le même coup à l'été 2015. La mort de son successeur, Alain Millot, a précipité son retour à la mairie de Dijon, quittée dix-huit mois plus tôt pour devenir ministre du Travail. «*Rien ne presse, tu as le temps*, l'a alors rassuré Hollande. *Tu n'as qu'à dire que tu démissionneras quelques jours après la rentrée scolaire.*» Si le conseiller en communication de l'Élysée Gaspard Gantzer n'avait pas précipité son départ en l'annonçant aux journalistes comme pour lui forcer la main, qui sait s'il n'aurait pas réussi à conserver le beurre et l'argent du beurre ?

Celui qui a définitivement tordu le cou à la règle du non-cumul est Jean-Yves Le Drian. Élu à la tête de la région Bretagne en décembre 2015, le ministre de la Défense fait savoir qu'il gardera son poste au gouvernement « *tant que le Président le jugera nécessaire* ». Une décision en contradiction flagrante avec l'engagement pris deux mois plus tôt de démissionner du gouvernement en cas de victoire. Mais entre-temps, les attentats du 13 novembre, la mobilisation de l'armée sur le territoire national et l'intensification des interventions aériennes contre l'État islamique en Syrie ont changé la donne : « *Il y a une situation dramatique, tendue et, dans cette période d'état d'urgence, il était compliqué pour le président de se séparer du ministre de la Défense* », se justifie-t-il. En se réfugiant habilement derrière Hollande, Le Drian fait ainsi porter la responsabilité de ce cumul sur le chef de l'État. Ce dernier a visiblement choisi de faire une exception avec son ministre de la Défense, qui, grand seigneur, a renoncé à la moitié des 5 512 euros d'indemnités mensuelles du président de région qu'il n'est que sur le papier. Ensuite, commente un conseiller de l'Élysée, « *on n'avait pas prévu de se retrouver en guerre contre l'État islamique et sur plusieurs théâtres d'opérations, donc je pense que les gens comprennent assez bien, que ce soit les Bretons ou les Français.* »

Accepter ou partir

Plus l'élection s'éloigne et plus les promesses semblent loin. Vous avez beau, comme moi, y jeter un œil de temps en temps pour apprécier le travail accompli – et aussi un peu par nostalgie –, vous sentez bien que l'air du temps a changé. Ainsi, il a fallu se résoudre à laisser de côté un certain nombre de nos engagements qui nécessitaient une révision constitutionnelle, comme le droit de vote des étrangers.

De toute façon, il vaut mieux parfois renoncer plutôt que tenir des promesses qui se révèlent inefficaces, comme les emplois francs. Souvenez-vous, il s'agissait d'inciter les entreprises à embaucher les jeunes au sein des quartiers difficiles grâce à des exonérations de cotisations sociales. Après un échec flagrant du dispositif, notre collègue au ministère de la Ville, Patrick Kanner, a été obligé de reconnaître qu'il n'avait pas prouvé son utilité et a arrêté les frais fin 2014.

Ces emplois francs, comme les contrats de génération ou les emplois d'avenir, étaient les armes que nous avons fourbies pendant la campagne pour lutter contre le chômage, et en particulier celui des jeunes. Mais, rapidement, nous avons dû privilégier d'autres options pour redresser la situation économique. De pacte de compétitivité en pacte de responsabilité, certains au gouvernement – j'en fais partie – ont eu l'impression que l'on s'éloignait de l'esprit du Bourget en mettant la barre trop à droite. La déchéance de nationalité et la loi travail ont continué à creuser le fossé entre Hollande et certains de ses ministres qui ne comprenaient plus le cap présidentiel.

« *Quand on fait des promesses à long terme, on fait l'hypothèse que rien ne va changer, que tout va se dérouler comme prévu, qu'il n'y aura pas de contingence. Ce n'est pas vrai : il y a de l'inattendu* », relève la philosophe Myriam Revault d'Allonnes. « *Aujourd'hui on n'est plus en 2011. Le programme qui est présenté début 2012, il est préparé dans les deux ans qui précèdent. Le monde a changé. L'État islamique est arrivé, on est sur des théâtres d'opérations extérieures, il y a eu la crise de l'Ukraine, le prix du pétrole s'est cassé la gueule…* », tente également de me convaincre le député PS Dominique Lefebvre. Je veux bien faire preuve de souplesse et d'adaptation, mais un ministre a aussi le droit de poser ses limites.

« *Parfois résister c'est rester, parfois résister c'est partir. Par fidélité à soi, à nous. Pour le dernier mot à l'éthique et au droit* », a tweeté Christiane Taubira au moment de son départ du gouvernement, en janvier 2016. L'ancienne garde des Sceaux avait accepté plusieurs compromis depuis le début du quinquennat, mais elle n'a pas résisté au débat sur la déchéance de la nationalité. On ne sait pas si sa décision aura pesé dans le débat – toujours est-il que François Hollande a fini par renoncer faute de majorité pour voter la révision constitutionnelle.

Pour Aurélie Filippetti, le choix du départ est venu après une succession de déceptions, de désillusions. « *Il y a un moment où l'on se dit que ce ne sera plus supportable. Les petites gouttes d'eau s'accumulent et à un moment le vase déborde. À un moment je me suis dit qu'en fait ce n'était pas une succession d'erreurs d'analyse, mais bien une vision idéologique totalement cohérente avec le libéralisme.* » Filippetti se montre plus dure que moi et reproche aussi à François Hollande son attitude à la tête de l'État : « *Il devait être le président normal avec une manière simple d'exercer le pouvoir qui aurait dû être beaucoup plus démocratique. Mais je pense qu'il a été grisé par le système monarchique de la Ve République.* » Elle ne digère toujours pas l'usage du 49-3 sur la loi travail ou la prorogation à trois reprises de l'état d'urgence après les attentats.

Pour ma part, je n'ai pas claqué la porte. J'ai fini par être remerciée. François Hollande m'a expliqué qu'il fallait faire entrer de nouvelles têtes au gouvernement et qu'il avait besoin de respecter un certain équilibre politique. J'en étais pourtant arrivé à une bonne maîtrise de mes dossiers, à pouvoir demander à mes interlocuteurs les plus réguliers des nouvelles de leurs proches et à préparer mes premiers textes de loi. « *Un ministre, sa loi, il en connaît chaque détail, chaque combat, chaque point-virgule*, dit joliment Michèle Delaunay. *Je pense que quand j'allais porter sur le terrain cette loi sur la dépendance, les gens sentaient que c'était un engagement personnel.* »

Mon éviction a été moins violente que pour certains de mes collègues. Souvenez-vous de la cruauté envers Fleur Pellerin, prévenue de son limogeage par Jean-Marie Le Guen en pleine séance à l'Assemblée alors qu'elle défendait son projet de loi sur le patrimoine et la création. « *On ferait ça dans une entreprise, il y aurait une grève, c'est impensable. Il n'existe aucun DRH*

qui pourrait faire quelque chose comme cela sans dommage»,
commente Michèle Delaunay, elle-même débarquée du gouvernement en 2014 sans avoir pu porter sa loi jusqu'au bout.

Au bout du chemin, notre expérience gouvernementale
aura été particulièrement éprouvante. Et pas forcément pour
les raisons que les gens peuvent imaginer. «*Cela paraît assez
curieux mais c'était pour moi un gros sacrifice personnel de venir
vivre à Paris, de travailler à temps archi plein*, m'a confié Michèle
Delaunay. *Je n'allais pratiquement plus chez moi, à Bordeaux,
que le dimanche.*» Des guerres entre ministres au poids des
lobbies, des coups de frein de mon administration aux coups
de volant de l'exécutif, je suis partie avec mon lot de frustrations. J'aurais aimé peser sur le cours des choses plus que je
ne l'ai fait. Et parfois, je me demande si François ne se dit pas
la même chose, le soir à l'Élysée.

4

« J'ai vu les limites
du pouvoir présidentiel »

Avez-vous déjà vécu le pouvoir de l'intérieur ? Avant 2012, moi, pas. J'étais *« trop jeune pour avoir connu ça »*, comme disent les dinosaures du Parti socialiste, déjà aux affaires sous Jospin, voire sous Mitterrand. Diplômé de Sciences Po, militant dans une section d'arrondissement du PS parisien, on me dit brillant et prometteur.

Ma culture numérique, mon diplôme prestigieux et quelques recommandations stratégiques issues de mes réseaux strauss-kahniens m'ont permis d'intégrer le cabinet de François Hollande immédiatement après son élection, dans le cœur du réacteur de son quinquennat.

Je ne partage pas toutes les idées de l'ancien maire de Tulle, trop social-démocrate à mon goût, trop enclin au compromis, mais j'ai accepté sans hésiter de rejoindre son équipe – une opportunité pareille, on ne la refuse pas. Si mes parents rosissent de fierté à chaque fois qu'on leur demande ce que je suis devenu, j'ai aussi appris à supporter, dans les repas de famille ou les rares soirées entre amis, les procès en « social-traîtrise » et à regarder par-dessus mon épaule au moment d'émettre un début de critique…

« Hollandais » par obligation, je n'en suis pas moins convaincu que la gauche doit exercer le pouvoir et ne pas rester cantonnée à l'opposition. J'étais plein d'espoir en arrivant à l'Élysée, après tant d'années de politique erratique de la droite. J'étais convaincu que nous pourrions vraiment changer les choses, d'autant que la gauche disposait de tous les leviers d'action, en étant majoritaire au Sénat, en tenant presque toutes les régions, la plupart des départements et des grandes agglomérations, et bientôt la majorité à l'Assemblée nationale.

Pourtant, à plusieurs reprises, lors de la campagne, j'avais eu comme un mauvais pressentiment. Sur la scène de la salle du Bourget, mon candidat François Hollande étrillait la finance et déroulait son programme devant les militants, et je ne pouvais m'empêcher de me demander : n'est-il pas en train d'oublier qu'un président ne peut pas tout ? Sommes-nous en train de vendre un rêve inatteignable aux Français ? Certains de mes camarades assumaient les exagérations de la campagne, les libertés prises avec les contraintes du réel, les pesanteurs qu'on oublie, les contradictions qu'on entretient... Moi, elles me mettaient mal à l'aise, même si je n'avais évidemment aucun moyen de dégonfler cette bulle d'enthousiasme. Je n'en avais pas non plus l'envie.

Nous étions à trois mois de l'élection, nous avions peur du retour dans les sondages de Nicolas Sarkozy et, devant les déclarations ahurissantes d'une droite aux abois, la victoire était plus qu'une nécessité : un impératif moral.

N'empêche, notre système politique place trop d'espoir dans un « homme providentiel », le président de la République, qui semble condamné à décevoir les attentes, tant son pouvoir, important sur le papier, est borné, limité et contraint dans la réalité. J'allais bientôt en faire l'expérience.

Désillusions européennes

Très vite, les choses se sont révélées beaucoup moins simples que notre slogan « Le changement, c'est maintenant » ne le laissait croire. Les premiers jours au pouvoir m'ont rapidement confirmé qu'un président ne peut pas tout… et en premier lieu lorsqu'il s'agit d'affaires internationales.

En tant que conseiller, j'ai participé à la préparation de son premier déplacement à Bruxelles. C'était le 23 mai 2012, huit jours après son investiture. L'objectif est alors de renégocier auprès de nos partenaires européens le traité « Merkozy ».

Comme chacun le sait, François a été contraint de renoncer à modifier le corps du traité (qui n'a pas bougé d'une virgule), en échange d'un Pacte de croissance qui est venu le compléter. Certes, sur les 120 milliards d'euros annoncés dans ce pacte, seuls 10 milliards d'euros d'argent « frais » ont en réalité été mobilisés par les États européens, le reste du plan consistant à réorienter des fonds existants et à attirer des investissements privés. Mais le mouvement allait être prolongé dans les années suivantes avec le Plan Juncker pour l'investissement, en 2014.

Nous étions déçus de ne pas pouvoir infléchir symboliquement la position d'Angela Merkel, mais le compromis était donc plutôt bon dans les faits – et l'assouplissement des politiques d'austérité et de rigueur budgétaire au fil du quinquennat est venu valider notre stratégie.

Ce que nous regrettions, en revanche, c'est de n'avoir pas réussi à imposer la mise en place des eurobonds, ces emprunts communs qui seraient émis à l'échelle européenne pour alléger le poids de l'endettement des États les plus en difficulté. L'idée de cette promesse présidentielle était de mutualiser le risque de non-remboursement parmi les États européens, afin de réduire les taux d'intérêts des emprunts. C'était l'une des mesures phares que François défendait pendant la campagne pour renforcer l'Europe dans la tourmente et qu'il a présentée une fois élu comme le « *point de départ* » de la relance de l'investissement et de la croissance sur le continent. Sans succès : les Allemands n'en ont pas voulu et nous avons dû renvoyer le projet aux calendes grecques.

Ce n'était malheureusement que le début de nos désillusions européennes. Prenez la taxe carbone aux frontières de l'Europe que François avait promis de mettre en place pour faire de l'Union européenne un modèle dans la lutte contre le réchauffement climatique : il a dû se contenter d'en créer une à l'échelle française face au peu de répondant de ses collègues européens. « *Il est difficile d'avancer sur les affaires de fiscalité comme la taxe carbone, car elles nécessitent l'unanimité des Vingt-Huit ou une coopération renforcée entre quelques États membres*[1] », décrypte Yves Bertoncini, le directeur de l'Institut Jacques Delors-Notre Europe. *En plus, une telle taxe est vue comme protectionniste et pourrait susciter des représailles des Chinois, par exemple. François Hollande n'en parle donc plus, évoquant à la place un prix plancher pour le carbone, pour dissuader davantage ceux qui utilisent le charbon. Il a chargé une commission de plancher dessus*[2] *et l'idée figure dans les conclusions de la COP21. Les Allemands et les Polonais s'y opposent, mais on ne peut pas dire que François Hollande ne pousse pas.* »

François souhaitait aussi créer une agence de notation européenne pour concurrencer les Standard & Poor's, Fitch et Moody's, qui avaient donné des sueurs froides aux États européens les plus endettés au plus fort de la crise en dégradant la note de leurs dettes souveraines. En 2013, le Parlement européen a d'abord semblé aller dans notre sens, en établissant une feuille de route pour créer une telle agence. Mais nos ambitions ont été douchées en 2015 par la Commission européenne, qui a jugé « *une évaluation européenne de la qualité de crédit pour les dettes souveraines* […] *ni proportionnée ni appropriée à ce stade* ». Rideau.

À quel point François a-t-il poussé ses propositions auprès de ses 27 homologues ? En octobre 2014, j'ai eu le déplaisir de lire dans *Le Monde*[3] ces commentaires anonymes de « *sources bruxelloises* » : « *Hollande n'a jamais été combatif sur la scène européenne, il ne le sentait pas* » ; « *il intervient moins que Merkel,*

« J'ai vu les limites du pouvoir présidentiel »

Cameron ou Renzi, qui n'hésitent pas à parler même quand ce n'est pas leur tour. Merkel et Cameron sont très attachés à ce qui est rédigé dans le communiqué final du Conseil, ils peuvent parfois insister pour un mot, un point-virgule. Hollande est plus réservé. »

Question de caractère, peut-être. J'ai pour ma part trouvé que le président faisait ce qu'il pouvait pour faire avancer nos dossiers. « *François Hollande pousse les projets*, me rejoint Yves Bertoncini. *On est dans la logique de l'architecte, avec une avancée brique par brique, alors que l'actualité européenne est dominée par les crises et les pompiers.* »

Mais on parle là de dossiers qui impliquent une multitude d'acteurs différents, qui n'hésitent parfois pas à jouer un double jeu, et le président ne peut consacrer tout son temps à se perdre dans les méandres européens. « *Il y a des socialistes qui pensent que "y a qu'à faut qu'on, l'Europe n'a qu'à faire…", mais on est 28 aujourd'hui, on n'est pas tout seul en Europe !* tacle le député rocardien Dominique Lefebvre. *Les socialistes français, dans leur vision historique et ringarde, ont d'ailleurs parfois du mal avec leurs propres partenaires socialistes européens.* »

L'enterrement rapide de certaines ambitions européennes n'en a pas moins provoqué des effets néfastes dans l'opinion, pas tant celle des électeurs, qui se préoccupent plus de la sécurité et de l'emploi que de l'Europe, mais des partis pro-européens, comme l'UDI, ou anti-austérité, comme le Front de Gauche, qui y ont trouvé leurs premières armes pour étriller notre politique européenne.

Pas échaudé pour autant par ses premiers échecs, le président a fixé en mai 2013 un ambitieux calendrier pour refonder l'union politique européenne avec Angela Merkel. Il était question de doter la zone euro d'un budget commun, de lui donner « *progressivement la capacité de lever l'emprunt* » (le retour des euro-bonds), de mettre en place un gouvernement pour harmoniser les politiques économiques de ses membres et, enfin, de lancer un « New Deal » pour l'emploi des jeunes… Face à l'inertie des réformes, il a repris et amplifié ses propositions chaque année : à l'été 2014, il a appelé à une « *convergence fiscale et sociale renforcée* », passant par un « *socle commun des droits sociaux* » et à un salaire minimum européen, ainsi que la création d'un corps de garde-frontières européens pour mieux faire face à l'immigration clandestine. À l'été 2015, il a relancé l'idée d'un gouvernement économique, ralliant cette fois Angela Merkel.

Bis repetita après le référendum britannique actant la sortie du Royaume-Uni de l'Union européenne, le 23 juin 2016 : le président a promis que la France serait « *à l'initiative pour que l'Europe se concentre sur l'essentiel. La sécurité et la défense de notre continent pour protéger nos frontières et préserver la paix face aux menaces. L'investissement pour la croissance et pour l'emploi* […], *l'harmonisation fiscale et sociale pour donner à nos économies des règles, et à nos concitoyens des garanties. Enfin, le renforcement de la zone euro et de sa gouvernance démocratique.* » Mais le soufflé est vite retombé et nous nous sommes une nouvelle fois heurtés aux réticences de Merkel, plus encline à sauver ce qui peut l'être – la stabilité de l'Europe, les relations commerciales avec le Royaume-Uni, voire l'existence même de l'Union européenne – qu'à relancer un projet européen dont la panne serait à l'origine du Brexit.

Dans les moments de déprime, François a souvent tenté de nous faire regarder le verre à moitié plein en mettant en avant notre rôle dans les avancées européennes qui ont ponctué le quinquennat.

La création d'une « communauté européenne de l'énergie », par exemple, proposée dans ses 60 engagements présidentiels, a finalement été actée par les Vingt-Huit en mars 2015. Après deux ans de discours dans le vide, François a trouvé en 2014 un allié pour promouvoir ce projet en la personne du Premier ministre polonais Donald Tusk. Ensemble, ils ont réussi à convaincre leurs homologues de créer cette Union européenne de l'énergie afin d'assurer la sécurité énergétique de l'Europe face aux pressions de la Russie et de coordonner les efforts des pays membres dans la transition énergétique.

Je sais que les critiques préfèrent voir dans ce succès la signature du Luxembourgeois Jean-Claude Juncker. Après avoir été nommé en juin 2014 à la tête de la Commission européenne, le « gouvernement » de l'UE, il a intégré l'Union de l'énergie aux 10 priorités de son mandat. Force est de reconnaître que c'est la Commission qui a rédigé quelques mois plus tard le projet stratégique sur lequel se sont basés les Vingt-Huit pour lancer le projet. Mais, sans la dynamique impulsée par François, je doute qu'il aurait pu voir le jour.

De même, la « réorientation » du rôle de la Banque centrale européenne (BCE) ne s'est-elle pas produite parce que nous l'avions promise et fait pression pour qu'elle advienne ? On ne peut pas nier le rôle que la France a joué dans la mise en place de l'union bancaire. Certes, ce grand projet de surveillance des banques européennes par la BCE avait été imaginé par Mario Draghi. Mais il a été échafaudé sous l'impulsion française entre 2012 et 2014.

Il est plus difficile de savoir quelle place accorder à la France dans la décision historique de la BCE de se lancer en janvier 2015 dans un vaste programme de rachats de dettes souveraines – une pratique, inédite dans l'histoire de l'institution, que nous réclamions à gauche depuis plusieurs années pour soutenir la croissance en réinjectant des liquidités dans l'économie. Officiellement, la BCE est en effet indépendante du pouvoir politique. Mais on imagine mal comment son président Mario Draghi aurait pu prendre une telle décision si la France s'y était opposée, alors que l'Allemagne freinait déjà des quatre fers.

Le double jeu de la taxe Tobin

Le dossier de la taxe sur les transactions financières européennes (TTF) est plus ambigu. Je n'ai jamais compris à quel jeu a vraiment joué François dans cette histoire.

Dans la droite ligne de son programme, il s'est fait au début de son quinquennat le principal promoteur de cette taxe Tobin, antienne du mouvement altermondialiste revenue à la mode avec la crise financière comme un moyen de moraliser la finance. Certains Européens y étant farouchement opposés (à l'image du Royaume-Uni), il a obtenu de la Commission européenne la permission de créer cette taxe dans une avant-garde de 11 pays.

Pourtant, à mesure que le projet avançait, le discours de la France a changé. Après l'avoir qualifiée d'«*historique*», Pierre Moscovici, le ministre des Finances, a commencé à expliquer que la mesure était «*excessive*». Bercy jouait-il contre l'Élysée pour protéger les banques françaises, fermement opposées à la TTF, dont elles évaluaient le coût pour elles à 70 milliards d'euros? Ou Moscovici bénéficiait-il secrètement du soutien de son ami François, qui lui avait laissé la pleine gestion du dossier? Ce que je sais, c'est que je n'étais pas le seul, parmi les conseillers de premier plan de l'Élysée, de Matignon et de Bercy, à être convaincu que nous étions en train de nous tirer une balle dans le pied en instaurant cette taxe. Je n'y étais pas opposé sur le principe, mais en la limitant à 11 pays européens, nous étions en train d'ouvrir un boulevard aux autres places financières du monde exemptées de TTF (États-Unis, Royaume-Uni, Japon), qui ne tarderaient pas à tirer les marrons du feu. Pour être efficace, une TTF doit être mondiale.

Toujours est-il que les retards ont commencé à s'accumuler et que des rumeurs ont circulé sur le manque d'allant français dans ce dossier dont notre pays faisait quelques mois auparavant une priorité, alors que l'Allemagne ne cessait, au contraire, de montrer des signes d'enthousiasme. Les mois ont passé, et Moscovici a quitté le gouvernement, laissant la place à un proche de François, Michel Sapin. Celui-ci a fini par présenter en 2014 un projet de TTF dit de consensus, que tout le monde a trouvé taillé sur mesure pour protéger les banques françaises, en ne taxant qu'une infime partie des transactions financières. Il s'est défendu en disant qu'il préférait « *une TTF qui aurait un produit limité au-delà des actions mais qui soit efficace et effective et qui progressera, plutôt qu'une très belle idée, mais qui restera dans les nuages* », et il n'a pas tort : même si elle reste symbolique, cette initiative sera peut-être le début d'un mouvement plus profond.

J'ignore si la taxe verra finalement le jour, parce qu'il est très difficile pour les Onze de s'entendre sur ses modalités pratiques. Alors qu'elle devait au départ entrer en vigueur dès 2013, l'ultime réunion de négociation a été repoussée à plus tard. Sur des sujets sensibles comme ceux-là, ce qui est décisif au-delà des difficultés techniques, c'est que l'impulsion politique vienne d'en-haut. Comme le fait remarquer Pascal Canfin, l'ancien ministre délégué au Développement, « *si François Hollande ne parle jamais de la TTF à Merkel parce qu'il doit parler des migrants ou de la Syrie, le sujet n'avance pas. Il doit faire des choix de priorité* ».

Toutes les excuses du monde

Si l'Europe offre déjà des situations complexes, que dire des grands dossiers mondiaux, où des dizaines d'interlocuteurs aux intérêts divers entrent en jeu ? « *En matière internationale, on ne peut que s'engager à faire tous les efforts possibles, le mieux possible, parce que, par définition, on n'est pas les seuls à décider* », abonde la présidente (PS) de la commission des Affaires étrangères de l'Assemblée nationale, Élisabeth Guigou.

Ainsi en va-t-il de la question climatique, que François avait érigée en grande priorité de l'année 2015. L'échec de la création d'une organisation mondiale de l'environnement et de la proclamation d'une déclaration de protection de la planète[4], qu'il avait appelées de ses vœux pendant la campagne présidentielle, lui est-il imputable ? Cela semble difficile au regard du nombre d'acteurs impliqués dans de tels projets.

Mais l'année 2015 s'est conclue par la COP21, à Paris. Cette nouvelle grande conférence climatique, que tout le monde annonçait déjà comme un nouveau fiasco à la Copenhague, a été un succès indéniable. « *Pour la première fois, les 195 États parties à la Convention-cadre des Nations unies sur les changements climatiques sont parvenus à s'entendre sur la nécessité d'un effort, certes différencié, mais commun dans la lutte contre le changement climatique* », reconnaît le chercheur à l'Iris Bastien Alex[5], qui nuance certes, évoquant un accord « *imparfait et incomplet* ». « *Il donne une orientation, un cadre, des objectifs généraux ambitieux mais n'apporte pas de réelles précisions sur les moyens développés et les méthodologies de contrôle d'atteinte et de respect des objectifs.* » De plus, explique-t-il, « *l'accord n'est pas véritablement "contraignant" sur le plan du droit international, dans le sens où le texte ne prévoit pas de dispositifs sanctionnant le non-respect des engagements que chaque État fixe lui-même* ».

Peut-on en tenir rigueur à François et à ses émissaires ? « *Cela était de toute façon à prévoir car aucun État – si ce n'est* [les petits États insulaires] *– n'aurait signé un tel accord*, reconnaît Bastien Alex. *John Kerry l'avait confirmé en parlant pour les États-Unis, mais c'était aussi la position de la Chine et des autres grandes puissances.* »

De même, il me paraît difficile de blâmer le président pour n'avoir pas réussi à réformer le Conseil de sécurité de l'ONU, où la France siège depuis 1946 comme membre permanent avec les États-Unis, le Royaume-Uni, la Russie et la Chine. François n'a certes jamais évoqué publiquement un élargissement du Conseil à de nouveaux membres, qu'il promettait pendant sa campagne, mais « *nous continuons à plaider pour un élargissement au sein du G4 avec l'Allemagne, l'Inde, le Brésil et le Japon*, rappelle Élisabeth Guigou. *Le problème, c'est que chacun a ses candidats et que, pour faire passer une telle réforme, il faut que les cinq membres permanents soient d'accord.* » La partie était certainement perdue d'avance. Il suffit de voir comment les autres pays ont accueilli notre proposition de limiter le droit de véto des membres permanents en cas de « crimes de masse »... par un grand silence. Je ne vois donc pas bien ce qu'on aurait pu faire de plus.

Il y avait aussi un risque que François avait peut-être sous-estimé : que les journalistes et l'opinion le prennent au mot sur chacune de ses interventions, sans les replacer dans leur contexte. Ainsi, on lui a beaucoup reproché d'avoir brisé sa promesse du Bourget de « *ne pas inviter de dictateurs en grand appareil à Paris* », quand on a vu défiler sur le tapis rouge de l'Élysée le Gabonais Ali Bongo, l'Azéri Ilham Aliyev ou encore les sheikhs du golfe Persique.

Élisabeth Guigou rappelle qu'avec sa promesse, François voulait avant tout se distancier du faste de la visite de Kadhafi, qui avait quand même planté sa tente dans les jardins de l'hôtel Marigny en 2007. Elle insiste sur le fait que François a refusé de recevoir tous ces dictateurs en visite d'État, le sommet de la distinction protocolaire... en oubliant certes un peu vite qu'il a quand même reçu en visite d'État les présidents cubains et chinois, Raul Castro et Xi Jinping, respectivement classés aux 129ᵉ et 144ᵉ places de l'indice de démocratie *The Economist*...

Le conflit israélo-palestinien offre, à mes yeux, un autre exemple flagrant de l'hypocrisie des programmes électoraux sur les questions internationales. François s'était montré très optimiste en s'engageant à « *favoriser, par de nouvelles négociations, la paix et la sécurité entre Israël et la Palestine* ». Cinq ans plus tard, l'échec est patent. Le processus de paix est au point mort. Est-ce le résultat d'un manque d'implication du chef de l'État, mobilisé par les guerres en Afrique, la Syrie ou encore l'Ukraine ? Non, car la diplomatie française a joué sa partition, en organisant à Paris, en juin 2016, une réunion internationale pour relancer les pourparlers de paix entre Tel Aviv et Ramallah. La démarche a tourné court face à l'inflexibilité des positions des deux camps, le gouvernement Netanyahou et l'Autorité palestinienne, aux agendas et positions toujours plus irréconciliables.

Plus réaliste était la promesse « hollandaise » de « *soutenir la reconnaissance d'un État palestinien* », car elle était dans nos cordes et pouvait réellement peser sur l'attitude d'Israël. Nous avions commencé timidement mais avec détermination, en votant à l'Assemblée générale des Nations unies la résolution octroyant le statut d'observateur à l'Autorité palestinienne, en 2012.

Restait pour la France à reconnaître formellement la Palestine comme État, comme l'avait fait la Suède, par exemple. Le sujet était bien sûr très sensible pour le Quai d'Orsay, car un tel geste ne manquerait pas de nous brouiller avec les Israéliens.

Pour une fois, le déclic a failli venir de l'Assemblée. La majorité PS a voté fin 2014 une résolution invitant le gouvernement à reconnaître l'État palestinien, en s'appuyant sur la promesse de campagne de François. « *Nous étions alarmés par l'aggravation de la situation (colonisation, durcissement, dérive vers un conflit religieux) : il fallait qu'on fasse quelque chose* », explique Élisabeth Guigou. D'abord peu enthousiaste – « *il avait peur que ça vienne interférer avec les initiatives diplomatiques* », selon Guigou – le ministre des Affaires étrangères, Laurent Fabius, a finalement décidé d'aider les parlementaires.

Dans la foulée, il a lancé un ultimatum à Israël, en menaçant de reconnaître « *unilatéralement* » la Palestine en 2016, en cas d'échec d'une ultime tentative de reprise des pourparlers de paix entre les deux peuples. Malheureusement, son successeur Jean-Marc Ayrault et le Premier ministre Manuel Valls ont baissé d'un ton au printemps 2016, pour donner toutes ses chances à la conférence de paix de Paris. Je crains donc que nous quittions le pouvoir sans avoir reconnu la Palestine, ni accompli de réels progrès vers une solution au conflit.

Et puis, il y a eu la Syrie : au début du quinquennat, nous avions tracé une ligne rouge pour une intervention dans la guerre civile syrienne, opposant depuis 2011 le président Bachar Al-Assad à une partie de son peuple. En cas d'utilisation par le pouvoir d'armes chimiques, « *la réaction de la France, et sans doute de nos partenaires, serait immédiate et foudroyante* », avait assuré Laurent Fabius en septembre 2012. Je sais d'ailleurs que des plans d'intervention militaire en Syrie étaient à la disposition du chef de l'État. Ce n'était certes pas une promesse de campagne, mais elle engageait François et, au-delà, la France.

Mais voilà : quand le 4 juin 2013, Fabius a affirmé détenir la preuve de l'utilisation par le régime syrien de gaz sarin… rien ne s'est passé. Le lendemain, François a fait dire à la porte-parole du gouvernement Najat Vallaud-Belkacem qu'il n'y aurait « *pas de décision unilatérale* » de la France sur une intervention en Syrie. Nous croyions encore, à ce moment-là, pouvoir obtenir le soutien des Américains pour lancer une opération conjointe. Jusqu'à ce que, à la surprise générale, Barack Obama nous lâche fin août en refusant de se joindre à une nouvelle intervention militaire sans l'aval du Congrès – « *car je ne suis pas George W. Bush*[6] », a-t-il dit. Les frappes sur Damas n'auront finalement jamais lieu, Washington préférant négocier avec Moscou un plan de désarmement de l'arsenal chimique du régime.

« *La communauté internationale porte une responsabilité très grave dans ce qui se passe en Syrie,* regrettera plus tard Hollande. *Si* […] *il y avait eu une réaction des grandes puissances à la hauteur de l'utilisation* [par Bachar Al-Assad] *des armes chimiques, nous n'aurions pas été face à ce choix terrible entre un dictateur et un groupe terroriste* [l'État islamique], *alors que les rebelles méritent tout notre soutien*[7]. »

Le verrou constitutionnel

Mon arrivée à l'Élysée m'a confronté à un autre écueil auquel je m'attendais moins. Bien sûr, j'avais lu des dizaines d'articles et entendu de nombreux copains de droite aux responsabilités sous Sarkozy pestant contre le carcan administratif, les blocages juridiques. Mais j'étais loin de m'imaginer qu'il y en aurait autant !

La série a commencé de façon anecdotique dès le 31 juillet 2012. François a voulu profiter du budget rectificatif voté au cœur de l'été pour mettre en œuvre la baisse de 30 % du salaire du président et du Premier ministre, dont il avait fait l'un des symboles de sa présidence normale. Histoire que le changement soit effectif maintenant.

Mais les juges du Conseil constitutionnel nous ont vite renvoyés aux erreurs de notre précipitation : une telle mesure n'a rien à faire dans une loi de finances, elle doit être prise par décret, tranchèrent-ils le 9 août. Disposition censurée. L'incident fut sans grande conséquence, puisque la baisse de rémunération a finalement été actée par décret quelques semaines plus tard. Il était toutefois annonciateur de bien d'autres déconvenues pour cause de précipitation, avec des suites parfois bien plus ennuyeuses.

On a presque fini par en rire, entre membres de cabinet. Un peu jaune. « *Ce qui m'a surpris quand je suis arrivé dans l'équipe de campagne, c'est l'amateurisme total*, me racontera l'un des membres de l'équipe de François Hollande, qui a poursuivi sa route dans un cabinet. *On est arrivés au pouvoir assez impréparés. C'est comme ça dans toutes les campagnes, mais en plus la gauche n'avait pas été au pouvoir depuis longtemps.* »

En septembre 2012, nous avons pêché par impatience en rognant un petit peu sur les délais légaux pour examiner au Parlement le projet de loi Duflot sur le logement. L'idée était de contrer ceux qui pensaient que nous n'avions rien fait de l'été. Mais l'opposition n'a pas manqué de relever l'irrégularité de la procédure parlementaire et le Conseil constitutionnel a censuré la loi dans la foulée. « *C'est du jamais vu !* », nous a taclé le blogueur Authueil. Cécile Duflot a eu beau jeu d'assumer « *avoir voulu aller vite sur un sujet prioritaire pour les Français* », c'était une belle boulette.

Notre autre souci, c'est que, dans la préparation des textes, « *tout était toujours subordonné à la nécessité de laisser à François Hollande la liberté de faire évoluer sa position jusqu'à la dernière seconde, car c'est sa façon de fonctionner,* constate a posteriori un autre copain qui travaillait dans un cabinet à Bercy. *Ça a été comme ça dans la campagne comme lors du mandat. On ne pouvait pas prendre de décisions jusqu'au dernier moment, car il ne voulait pas s'engager. Du coup, on naviguait à vue jusqu'à la dernière minute, ce qui nous forçait à tout boucler en vitesse et à faire partir des textes mal ficelés.* »

La taxe à 75 % sur les revenus supérieurs à 1 million d'euros en a ainsi fait les frais – et l'image de François avec. Personne n'était bien enthousiaste dans les cabinets et dans l'administration de Bercy pour concrétiser cette promesse, mais il voulait absolument tenir parole. On a tous rapidement vu que ce serait compliqué. Avant même qu'elle ne soit votée, les Sages du Conseil constitutionnel nous ont mis en garde à l'été 2012 contre une mesure potentiellement confiscatoire. Nous n'avons pas pris les précautions suffisantes et ça n'a pas manqué : après l'adoption du texte, ils ont donc censuré la taxe au motif d'une « *méconnaissance de l'égalité devant les charges publiques* ». La loi prévoyait un calcul de la taxe par personne physique, alors que l'impôt sur le revenu est calculé foyer par foyer.

Nous avons alors tenté de sauver les apparences en présentant une nouvelle version amoindrie du dispositif l'année suivante, après avoir assuré nos arrières. Nous avons cette fois sollicité en amont un avis du Conseil d'État.

Les socialistes ont-ils pour autant tempêté contre ces satanés Sages du Conseil constitutionnel, quasi unanimement nommés sous la droite ? Loin de là. En privé, certains ministres opposés à la taxe à 75 % m'ont confié qu'ils avaient vu dans la décision du Conseil constitutionnel une noble façon d'enterrer cette promesse gênante.

Autre symbole de gauche de la campagne déboulonné par les Sages de la rue de Montpensier : la « loi Florange ». Au lieu d'interdire tout bonnement la cession de sites rentables, comme promis, la loi Florange que nous avons fait voter rendait une telle cession dissuasive, avec des pénalités financières. Mais cela n'a pas suffi : le Conseil constitutionnel a censuré ces pénalités, cœur du dispositif, les jugeant « *contraire à la liberté d'entreprendre et au droit de propriété* ». Nous avons été contraints de bricoler un nouveau texte, beaucoup moins ambitieux, et qui n'a pas, pour l'instant, prouvé son efficacité[8].

On pourrait encore trouver plein d'exemples : comme la tarification progressive de l'énergie (l'électricité et le gaz moins chers pour les plus modestes), promise par François, dont le système de bonus-malus au cœur de la loi a été annulé par le Conseil constitutionnel, qui l'a jugé inégalitaire. À la place, nous y avons substitué un système de chèque énergie beaucoup moins ambitieux.

Dans le domaine fiscal, les juges constitutionnels ont également joué un rôle de premier plan dans les déboires de la réforme de l'impôt de solidarité sur la fortune (ISF). François voulait rétablir dans sa forme initiale cet impôt fortement allégé par Nicolas Sarkozy pendant son quinquennat. Par une invraisemblable combinaison de malchance et d'obstacles juridiques, nous avons réussi à rendre l'ISF moins lourd pour les riches que sous la droite : l'impôt a rapporté 4,1 milliards en 2013, soit 247 millions de moins qu'en 2011, quand le bouclier fiscal existait encore.

Au moment où nous avons alourdi le barème de l'ISF, nous avons en effet dû créer un nouveau bouclier fiscal de 75 % pour éviter une censure constitutionnelle. Mais, encore une fois, cela ne leur a pas suffi : les Sages ont invalidé à deux reprises une mesure technique que nous avions introduite pour imposer davantage les plus riches. Résultat : en censurant ce dispositif, de nombreux contribuables ont pu mettre sur pied un montage fiscal avec des assurances vie pour utiliser à leur avantage le bouclier fiscal Hollande, devenu plus avantageux que celui de Sarkozy. Heureusement, cela n'a pas empêché les recettes de l'ISF de grimper ensuite, atteignant 5,2 milliards d'euros en 2014.

Mais ces censures à répétition ont permis à l'opposition de dénoncer notre « amateurisme », bien aidée par le président du Conseil constitutionnel, l'ancien député de droite Jean-Louis Debré, qui s'est permis de nous lancer début 2014 un avertissement, déplorant la multiplication des « *lois aussi longues qu'imparfaitement travaillées* ». Ce n'était pas très fair-play, car nous n'avions pas à rougir par rapport à la droite : en août 2014, *Le Parisien*[9] avait dénombré 25 avis de non-conformité sur 47 textes étudiés par le Conseil constitutionnel, contre 57 textes retoqués et 42 approuvés lors du quinquennat Sarkozy…

Pour tenter de rectifier le tir, Manuel Valls a tout de même demandé à ses ministres, lors de sa prise de fonction, en 2014, de présenter des « *textes peu nombreux, courts, clairs* » et d'anticiper « *le risque d'inconstitutionnalité* ». Une pique directe à son prédécesseur Jean-Marc Ayrault et à notre travail à tous.

« *Quand Valls est arrivé, en 2014, le nombre de tentatives risquées – et donc de censures constitutionnelles – a baissé,* note le blogueur Authueil, *car le départ d'Ayrault a marqué une césure dans la volonté d'appliquer le programme présidentiel.* »

Parfois aussi, le gouvernement a eu beau jeu de se réfugier derrière les avis juridiques pour ne pas aller au bout d'une promesse de campagne. Ainsi, le non-cumul des mandats pour les parlementaires avait été promis pour 2014 par François lors de sa campagne. Mais, avant le passage de la loi devant le Parlement, le Conseil d'État a préconisé d'attendre 2017 – c'est-à-dire la fin des mandats de députés en cours – pour faire entrer en vigueur la nouvelle règle. Un avis qui a permis au gouvernement de ne pas brusquer les parlementaires de la majorité, largement opposés à cette réforme – mais qui laisse la possibilité à la droite d'annuler la réforme en 2017 si elle revient aux responsabilités.

De même pour la Charte européenne des langues régionales ou minoritaires. Signée par la France en 1999 mais jamais ratifiée, elle oblige les pays à reconnaître les langues régionales comme expression de richesse culturelle. François s'était engagé à la faire ratifier, mais le Conseil d'État a émis en juillet 2015 un avis négatif en pointant « *une série de problèmes juridiques qui la rendent impossible à adopter* », malgré la mobilisation au Pays basque, en Bretagne, en Corse ou en Midi-Pyrénées. Un bon prétexte pour enterrer discrètement une réforme constitutionnelle qui n'aurait jamais pu voir le jour, faute du soutien de la droite.

Même combat, avec une variante plus insidieuse, sur le trading haute fréquence (THF). Après plusieurs années de refus, le gouvernement a fini par céder en 2015 aux revendications du groupe PS, en laissant passer un amendement au budget 2016 prévoyant de taxer le THF… tout en s'abstenant de relever que l'article n'était pas dans la bonne partie du texte. « *L'article 30 a été placé à tort dans la première partie de la loi de finances* », observera le Conseil constitutionnel, en retoquant la mesure, sans faire de peine à grand monde à Bercy.

J'ai pu observer que tout au long du quinquennat, François avait tâché de respecter sa promesse d'exemplarité. Son problème, de ce point de vue, ce fut souvent les autres : les parlementaires, les ministres, l'entourage et même les intimes.

Ainsi, comment le blâmer pour n'avoir pas su faire la distinction entre vie publique et vie privée, comme il le promettait dans les derniers jours de sa campagne ? C'est le fameux tweet de son ancienne compagne Valérie Trierweiler, soutenant le dissident Olivier Falorni contre Ségolène Royal pour les législatives en Charente-Maritime, qui a attiré l'attention sur sa vie privée – ce qu'il avait tellement pourfendu chez Nicolas Sarkozy. Avec des conséquences néfastes pour son image auprès des Français, qui furent décuplées au moment de la publication du livre de Valérie Trierweiler, *Merci pour ce moment*, qui tentait de le faire passer pour un monstre froid qui se moquait des « sans-dents » – ce que je n'ai jamais pu croire, car si on peut lui trouver beaucoup de défauts, François n'a pas celui du mépris des autres.

Mais plus graves encore sont les coups que lui ont portés ses amis politiques les plus proches avec les atteintes à sa promesse d'exemplarité.

Comme promis, François avait pourtant fait signer une charte de déontologie à tous ses ministres dès leur entrée en fonction. L'affaire Cahuzac a fait voler en éclat ce symbole – même si les ministres nommés après l'affaire ont continué à signer la charte à leur entrée au gouvernement jusqu'à la fin du quinquennat. Le ministre du Budget est allé jusqu'à mentir devant la représentation nationale pour nier les révélations du site *Mediapart* sur ses comptes en banque non déclarés en Suisse et à Singapour. Celui-ci qui incarnait jusqu'alors une image de père la rigueur a largement écorné le devoir de transparence et d'intégrité imposé par la charte.

François a bien tenté de tirer les leçons de cette affaire en faisant voter deux grandes lois sur la transparence de la vie publique. Celles-ci ont rendu obligatoire les déclarations de patrimoine pour les ministres, les élus et les hauts responsables publics, en installant une Haute Autorité pour la transparence de la vie publique (HATVP) pour contrôler les éventuelles irrégularités. La HATVP a d'ailleurs rapidement montré son efficacité, en mettant en évidence en quelques jours les arriérés d'impôts du nouveau secrétaire d'État aux Transports, Thomas Thévenoud, nommé lors du remaniement d'août 2014, et contraint de démissionner en septembre.

C'est d'ailleurs là tout le paradoxe de la situation de François. Thévenoud a été débarqué parce que le système anti-dérives mis en place par le gouvernement était efficace… Mais l'opinion n'a pas mis cette avancée à son crédit, considérant à l'inverse cet épisode comme une nouvelle preuve que l'équipe en place n'était guère mieux que la précédente.

Bis repetita quand ont été débarqués de l'Élysée deux de ses conseillers. Aquilino Morelle d'abord, contraint à la démission après une enquête de *Mediapart* qui révélait des habitudes pas franchement éthiques – privatisation d'un salon de l'Élysée pour se faire cirer les chaussures, utilisation de véhicules à des fins personnelles – et évoquait surtout des soupçons de prise illégale d'intérêts avec des laboratoires pharmaceutiques. Puis Faouzi Lamdaoui, qui a démissionné en décembre 2014 de son poste de conseiller « égalité et diversité » à l'Élysée, après avoir été renvoyé en correctionnelle par le parquet de Paris pour abus de biens sociaux, blanchiment d'abus de biens sociaux et faux et usage de faux. Dix-huit mois de prison ont été requis contre lui mais il a finalement été relaxé pour vice de forme, le 18 novembre 2015.

François, qui avait promis qu'il n'aurait pas autour de lui à l'Élysée « *des personnes jugées et condamnées* », a préféré prendre les devants en écartant les deux hommes dès que des doutes sur leur probité ont émergé, mais ils ont quand même eu le temps d'éclairer l'Élysée d'une lumière trouble. En revanche, François n'a rien dit quand Manuel Valls s'est servi en 2015 d'un avion de l'État pour assister à un match de foot avec ses enfants. On restait quand même loin des « affaires » qui avaient entaché à de multiples reprises l'intégrité des ministres de Fillon et Sarkozy, des cigares de Christian Blanc au jet privé d'Alain Joyandet, en passant par les vacances en Tunisie de Michèle Alliot-Marie en plein « printemps arabe »...

60 millions de conservateurs

Reste un dernier paramètre que nous avions peut-être un peu sous-estimé, même si nous n'ignorions rien des difficultés qui nous attendaient : la force d'inertie des corps intermédiaires et les corporations – autrement dit, la « défense des acquis ».

Songez un peu au temps que nous avons consacré aux taxis inquiets d'être supplantés par les véhicules de transport avec chauffeurs (VTC) ou aux « bonnets rouges » en croisade contre l'écotaxe ! Parlez à Emmanuel Macron des professions réglementées qu'il a eu le plus grand mal à libéraliser avec sa loi éponyme – il a été contraint de céder sur plusieurs articles qui gênaient les notaires ou les huissiers ! Sans parler du psychodrame de la loi travail, réduite à peau de chagrin pour calmer les syndicats et la gauche...

L'erreur qu'a peut-être commise François, c'est de ne pas avoir abordé ces questions pendant la campagne. Je suis sûr qu'il aurait eu l'appui du peuple, et qu'il aurait pu s'en servir contre les conservatismes des différents groupes d'intérêt. Comme l'a dit Emmanuel Macron, « *si l'on veut faire avancer le pays* », il faut « *la volonté de créer, non pas des compromis imparfaits et illisibles, mais un consensus sur des valeurs et un diagnostic du pays[10]* ».

L'autre problème, c'est que ses gouvernements ont cédé à la mauvaise habitude des lois fourre-tout. Comme ils n'ont généralement l'occasion de donner leur nom qu'à un seul texte avant de quitter les responsabilités, les ministres essaient d'en faire le plus possible pour être sûrs de laisser leur empreinte. Mais « *lorsqu'on additionne cinquante sujets, chacun va plus facilement y trouver matière à opposition* », comme le dit l'historien Pierre Rosanvallon. Ces lois « *sont illisibles et cumulent du même coup les procès d'intention et de multiples oppositions localisées*[11] ». Vous avez beau corriger le tir par la suite en gommant les dispositions les plus clivantes, ces textes restent des épouvantails que plus grand monde ne veut sauver. On en a fait l'amer constat avec les lois Macron et El Khomri, qu'on a été obligés de faire passer en force avec le 49-3, alors qu'elles contenaient chacune des avancées que personne à gauche ne remettait en question.

Vous pourrez évidemment m'accuser, à raison, j'imagine, d'être un observateur un peu partial de ces cinq ans à combattre les résistances externes et internes au changement. Je ne cherche pourtant pas à dédouaner le président qui aurait pu – dû – faire mieux.

Nous sommes obligés d'admettre que ces réformes n'ont pas toujours été accueillies avec beaucoup d'enthousiasme. Il y avait de quoi se désespérer et se ranger à l'avis de ceux qui ont qualifié, bien avant nous, la France de pays « irréformable ».

Nous n'avons pas toujours eu la marge de manœuvre suffisante pour imposer nos vues. Et ces dernières n'ont pas toujours été soutenues par notre majorité… qui n'a elle-même cessé de s'affaiblir.

Ces cinq ans furent donc pour moi une précieuse remise à niveau sur le sujet de « la difficulté à gouverner ». Je m'y attendais un peu, mais pas autant. J'imagine que, dans mon camp, nombreux sont ceux qui, eux aussi, par expérience ou par culture politique, se doutaient bien que tout ce que nous avions promis ne serait pas tenable, et que nous décevrions forcément les attentes de nos électeurs. C'est pourquoi l'interrogation ne cesse de me hanter : était-il possible de moins promettre ?

5

« J'ai combattu Hollande et sa politique »

Quand le visage de François Hollande est apparu sur les écrans de télévision des Français, le 6 mai 2012, j'étais à la Mutualité, les bras ballants au milieu de centaines de drapeaux français, à attendre le discours de défaite de Nicolas Sarkozy. En façade, nous avions multiplié les marques d'optimisme jusqu'au dernier moment avec mes collègues de l'UMP. Mais depuis plusieurs jours, je n'y croyais plus. Au lendemain du débat d'entre-deux-tours, Bayrou avait soutenu Hollande et porté le coup de grâce au président sortant… en même temps qu'à mes espoirs ministériels.

« Je pensais que son intelligence le porterait à la hauteur de la fonction, qu'il prendrait ses responsabilités », se défend aujourd'hui le centriste. Pas moi. Non que je craigne que l'Inquisition socialiste mette le pays à feu et à sang en pillant les riches et en ouvrant les portes des prisons. Mais je me doutais que Hollande ne se montrerait pas à la hauteur des promesses qu'il avait faites, plus ou moins consciemment, à la France. Qu'une fois le sarkozysme oublié, le pays prendrait rapidement conscience de la faiblesse de ce candidat de substitution, arrivé à l'Élysée pratiquement par effraction.

Cadeaux de bienvenue

Même à gauche, on critiquait Hollande. « *Quand c'est flou, c'est qu'il y a un loup* », avait balancé lors de la primaire Martine Aubry. Une bonne partie de la campagne du socialiste s'était faite dans la synthèse molle, en évitant les sujets qui fâchent, comme il avait si bien appris à le faire en tant que premier secrétaire du PS.

À la gauche, Hollande servait les classiques anti-sarkozystes, la promesse de la justice sociale et le combat contre la finance. À la droite, il offrait la rigueur, avec le retour à l'équilibre budgétaire en cinq ans. Aux écolos, il promettait la fin du paradigme nucléaire et la transition énergétique. Aux centristes, un soutien indéfectible à la construction européenne et la proportionnelle. Tout le monde imaginait que ce président pourrait faire quelque chose pour lui. Et finalement, il n'a contenté personne.

D'abord, « monsieur normal » n'a pas fait mieux que les autres malgré sa promesse d'être le président « de tous les Français », de droite comme de gauche.

Souvenez-vous cette omniprésence des « 60 engagements pour la France »… Il aurait pu profiter de son arrivée à l'Élysée pour dépasser les divisions de la campagne, proposer un grand projet collectif aux Français, un souffle, une vision, l'union sacrée ! Au lieu de quoi il s'est comporté comme un écolier soucieux de barrer dans son cahier de texte les devoirs confiés par son professeur, sans réfléchir à la pertinence de ce qu'il faisait. Le professeur était la rue de Solférino et lui avait malheureusement dicté un peu mécaniquement ses idées poussiéreuses – la plupart ressorties du placard des élections perdues, ou mijotées avec les alliés écolos.

Même si Hollande n'est pas un fantasque qui jette l'argent par la fenêtre, il n'a pas hésité à remercier son électorat en distribuant immédiatement les paquets cadeaux : coup de pouce au

Smic et retour à la retraite à 60 ans pour les carrières longues en juillet 2012, revalorisation de 25 % de l'allocation de rentrée scolaire et recrutement de nouveaux professeurs à la rentrée, emplois d'avenir en octobre… Tout ça, alors même qu'il avait sur son bureau le rapport alarmiste de la Cour des comptes, qui décrivait une France proche de la faillite. Et alors qu'il s'était personnellement engagé, en son nom et au nom de la France, à un effort conséquent de réduction des déficits, en passant de 4,8 % à 3 % entre 2012 et 2013…

Il a continué son mandat en s'entêtant à tenter de mettre en place des mesures infaisables et démagogiques annoncées pendant sa campagne, juste parce qu'il n'avait pas le courage d'aller contre le carcan de ses (mauvais) engagements de campagne. Combien de temps et d'énergie la gauche a-t-elle perdu pour mettre en place sa fameuse taxe à 75 % (qui n'a jamais été à 75 %, ne contentait personne au gouvernement, a fait peur à tous les riches et n'a finalement pas rapporté grand-chose) ? N'aurait-on pas pu faire économiser des milliers d'heures aux fonctionnaires de Bercy qui ont dû faire fonctionner ce machin ? N'aurait-on pas pu s'éviter le scandale Gérard Depardieu, une icône de notre patrimoine culturel qui a claqué bruyamment la porte à cause de cette taxe symbolique en ternissant l'image de notre pays à l'étranger ?

Il y a eu aussi l'invraisemblable usine à gaz de l'encadrement des loyers, une vieille idée recyclée par Martine Aubry dans le programme du PS. L'exemple typique de la mesure séduisante sur le papier (à condition d'avoir la fibre sociale) mais incroyablement compliquée à mettre en œuvre : pour pouvoir encadrer les loyers d'un quartier, il faut en effet pouvoir connaître leur valeur moyenne dans ce quartier – et, pour cela, mettre en place des observatoires qui coûtent cher. Le gouvernement a donc dû se résigner à limiter l'expérimentation à quelques villes (avec un bilan décevant[1]), sans l'étendre à l'ensemble du territoire.

C'est la même logique têtue qui a guidé le ministre de l'Économie, Pierre Moscovici, dans sa réforme bancaire. Qu'il veuille préserver le modèle de la banque universelle pour sauvegarder les intérêts de la finance française, très bien, je ne lui reprocherai pas. Mais pourquoi alors perdre du temps à mettre sur pied une séparation des activités bancaires qui ne sépare rien du tout ? Juste pour faire plaisir à ses électeurs en cochant une ligne de plus sur son programme ? Cette méthode horripile à raison le philosophe Marcel Gauchet : « *Ils ont été obsédés par l'idée de mettre partout des marqueurs (souvent de gauche), en ne se préoccupant que dans un second temps de ce qu'ils mettaient autour.* »

L'autre chose que je reproche à Hollande, c'est d'avoir cédé aux facilités de l'alternance, en détricotant toutes les mesures de son prédécesseur. Même si, je vous l'avoue, je suis loin d'approuver tout ce qu'a dit et fait Nicolas Sarkozy pendant son quinquennat (pas assez libéral et trop autoritaire pour moi), pourquoi mettre un terme par pure idéologie à ce qui fonctionnait ?

Prenez par exemple la réforme des rythmes scolaires, sur lesquels les socialistes ont voulu revenir à tout prix en rétablissant la semaine de 4,5 jours que Sarkozy avait supprimée en 2008. Sur le principe, pourquoi pas ? La question des rythmes divise les spécialistes et pourrait influer sur les performances scolaires de nos petits écoliers. Le fait de rouvrir le débat ne me dérange pas. Mais pourquoi Vincent Peillon a-t-il rétabli brusquement l'ancien système sans mettre les moyens pour financer les activités périscolaires dans les plages horaires libérées par l'étalement de l'emploi du temps sur neuf demi-journées ? Il a quand même fallu une fronde conjointe des communes, des parents d'élèves et des enseignants pour qu'il daigne étaler la réforme sur deux ans et créer un fonds d'aide pour les municipalités… N'aurait-il pas pu faire cela dès le début, s'il avait pris le temps d'écouter tous les acteurs en amont ? Il y a une telle arrogance du pouvoir qui se prévaut des engagements de campagne pour tout piétiner...

Et ça ne s'est pas arrêté là. La réforme territoriale, l'une des meilleures du quinquennat Sarkozy, a été détricotée juste pour permettre à Hollande de refaire la sienne en moins bien. Comme la TVA sociale, abrogée pour instaurer six mois plus tard une pâle copie de la même réforme, le CICE.

Tout cela est très symptomatique de cet « *esprit de système* » qui habite les socialistes, pour reprendre l'expression d'Alain Juppé. Cette « *culture de la gauche, forgée par le programme commun de Mitterrand* », qui dicte qu'on ne soit « *pas complaisant avec une mesure de droite, qu'on y est par nature opposé* », comme l'analyse le président de l'UDI, Jean-Christophe Lagarde.

Un cachotier à l'Élysée

On m'a souvent posé la question du regard que je portais, en tant qu'homme de droite, sur la politique économique menée par le gouvernement tout au long du quinquennat. Même si je refuse l'idée communément répandue qu'il s'agit d'une politique de droite (ces orientations sociales-démocrates diffèrent en plusieurs points de ce que nous prônons), je ne peux pas dire que je suis insensible à cette réorientation.

Dans l'état où se trouve la France, desserrer de 60 milliards le carcan des charges qui étouffent nos entreprises était bien le minimum. À cause du 49-3 joué par le gouvernement, je n'ai pas eu l'occasion de m'exprimer sur les lois Macron et El Khomri, mais, si j'avais pu, je les aurais votées sans ciller, car elles vont dans le bon sens.

Même si je m'en réjouis, je ne peux m'empêcher d'être gêné par le fait que Hollande mène une politique si différente de celle annoncée pendant la campagne. Qu'il ne satisfasse pas chacune de ses promesses électoralistes dictées par la volonté de plaire à des groupes d'intérêts ou des clientèles ne me pose aucun problème, au contraire. Mais qu'il change à ce point-là sur ses grandes orientations…

Au-delà du principe démocratique, sa capacité à gouverner s'en trouve diminuée. Comme le dit mon collègue à l'Assemblée Franck Riester, «*on n'est pas en mesure d'être cohérent, d'être crédible et donc de pouvoir mener les réformes qu'on souhaite mener si on n'a pas un contrat clair avec les Français au moment de l'élection présidentielle. Si vous faites l'inverse de ce que vous avez dit pour être élu, vous ne pouvez pas être suivi par ceux qui vous ont fait confiance au moment de l'élection*».

À droite, nous avons d'ailleurs connu des expériences un peu semblables, quand les gouvernements Juppé et Fillon ont dû affronter la rue en 1995 et 2010 parce qu'ils n'avaient pas annoncé lors de la campagne des réformes désagréables pour l'opinion – les régimes spéciaux et la retraite à 62 ans. Sarkozy affirme d'ailleurs en avoir tiré les leçons, puisqu'il annonce qu'«*il faudra tout dire avant*» en 2017 «*pour tout faire après de manière à recevoir un mandat clair du peuple*[2]».

Même si le fait de considérer que les promesses n'engagent que ceux qui les écoutent est un sport national en France, nous sommes beaucoup à penser, au fond, que cette hypocrisie est néfaste pour la politique. L'ancienne patronne des écolos, Cécile Duflot, a une vision un peu binaire de la question : «*Quelqu'un qui n'est pas d'accord avec vous, il vous respectera davantage si vous faites ce que vous vous êtes engagé à faire plutôt que si vous faites ce qui lui fait plaisir. Parce que, dans ce cas-là, il vous méprisera.*»

On a le droit, je crois, de changer de braquet quand les circonstances l'exigent, ou quand on prend conscience d'une erreur, comme semble l'avoir fait Hollande. Mais, alors, il aurait dû avoir le courage d'assumer plus tôt et plus clairement sa nouvelle ligne. «*À aucun moment il n'est allé à la télé dire clairement que la lutte des classes n'était pas notre recette pour faire avancer le pays, qu'il fallait d'abord penser à faire survivre les entreprises avant de partager les richesses produites, qu'il faut affronter la mondialisation »*, m'a confié avec regret le strauss-kahnien Jean-Marie Le Guen. *« Il a fait comme d'habitude : un peu mais pas trop, en essayant de jouer au plus malin – résultat, personne n'a compris »*, me disait aussi un ancien conseiller ministériel de Bercy.

« Vous ne pouvez pas faire une politique aussi fondamentalement différente de celle annoncée pendant la campagne sans l'assumer, sans expliquer aux gens les raisons de ce choix ! », s'emporte souvent François Bayrou. Regardez Nicolas Sarkozy : il a toujours expliqué que la crise l'avait empêché de mener à bien son projet, ce qui a quand même été une circonstance atténuante pour son bilan.

Les « hollandais » arguent souvent que leur chef n'aurait jamais pu garder sa majorité intacte s'il avait assumé trop clairement son virage. Et alors ? S'il estimait que c'était bon pour le pays, il aurait pu élargir sa majorité avec les centristes et une partie de la droite. Comme François Bayrou, *« beaucoup de gens percevaient chez François Hollande l'idée qu'on pourrait peut-être trouver avec lui une autre manière d'imaginer la vie politique, avec des majorités différentes, davantage d'unité nationale pour surmonter les difficultés »*.

J'irais même un cran plus loin, avec Franck Riester : *« Quand le contrat passé avec les Français change de manière importante, il faut l'accord des parlementaires ; et si ces derniers ne sont pas d'accord, il faut passer directement par un référendum pour que les Français soutiennent ce revirement. »* Un référendum sur un plan d'urgence contre le chômage, c'est imperdable !

Hollande a dû croire qu'il avait plus à perdre qu'à gagner à sortir totalement de l'ambiguïté et à assumer sa ligne. La présidentielle de 2017 nous dira s'il avait raison, mais j'en doute fortement. Comme le dit l'ancien sénateur socialiste

Yves Krattinger, «*mettre du brouillard passagèrement sur un sujet en disant "ce n'est pas le jour", ça passe. Mais si vous badigeonnez pendant tout le mandat, les gens finissent par vous rattraper, vous rappeler vos engagements, et vous perdez votre crédibilité pour la réélection*».

Il suffit de voir la violence avec laquelle certains ont témoigné de leur ressentiment à l'égard de la majorité, multipliant les saccages de permanences socialistes au printemps 2016. Cécile Duflot, qui a vécu le début du quinquennat de l'intérieur en tant que ministre du Logement, l'analyse très durement : «*C'est plus grave qu'en 2010 avec Sarkozy, parce que les gens se disaient à l'époque "il faut serrer les dents encore deux ans et on va le virer". Là, l'action directe apparaît pour certains comme la seule issue, et c'est dramatique pour la démocratie.*»

Lâchez vos promesses

Il y a une forme de paradoxe, pour un opposant de la première heure, à juger François Hollande à l'aune de ses promesses. Pourquoi verserait-on des larmes sur des propositions de campagne que nous jugions au mieux inutiles, au pire inatteignables ? Pourquoi, à l'inverse, se réjouir qu'il ait tenu contre toute raison des engagements néfastes et contre-productifs, comme le tiers payant généralisé qui complique la vie des médecins ?

Pour évaluer le bilan de la gauche, je préfère m'attacher aux résultats tangibles. Qu'ont-ils fait d'efficace pour endiguer la progression terrible du chômage qui ronge notre pays ? La légère embellie en 2016, artificiellement alimentée par un effort opportuniste du gouvernement sur la formation des chômeurs[3], ne doit pas faire oublier le constat terrible que 600 000 personnes supplémentaires sont venues gonfler les rangs de Pôle emploi en quatre ans – et même plus d'un million si on compte les demandeurs d'emploi en activité réduite.

Comment peut-on proclamer comme le président que *« ça va mieux »* avec 10 % de la population sans emploi, et un chômage de longue durée qui s'enracine ? Sarkozy n'avait certes pas fait mieux, avec entre 780 000 et 1,1 million de chômeurs supplémentaires en cinq ans, selon les décomptes – mais n'oublions pas qu'il a subi la crise financière de 2008 de plein fouet.

Quid de la croissance, que le programme de François Hollande voyait, dans son programme, se stabiliser autour de 2-2,5 % dès 2015 ? Après 0,3 % en 2013 et 0,4 % en 2014, elle a péniblement atteint 1,1 % en 2015 pour caler à environ 1,5 % en fin de quinquennat. Et qu'on ne me dise pas que c'est la faute de la crise : en 2010 et 2011, le PIB avait progressé de plus de 2 % malgré le contrecoup de la récession. Les soubresauts de la crise grecque ne nous ont pas aidés, mais comment n'a-t-on pas réussi à profiter de l'incroyable alignement des planètes économique (euro faible, baisse des taux d'intérêts, baisse du cours du pétrole) qui s'offrait à nous ?

J'ose à peine parler du déficit public : qui se souvient encore que le candidat Hollande promettait 0 % de déficit pour la fin du quinquennat ? Au mieux, il s'élèvera à 2,7 % du PIB en 2017 ; au pire, à 3,2 %, si l'on écoute les prévisions de Bruxelles – nous serions le dernier pays de la zone euro, avec l'Espagne, à ne pas descendre sous la barre des 3 % que Hollande avait promis de franchir dès 2013 ! Résultat de cette politique irresponsable : la dette devrait frôler en 2017 les 100 % du PIB – c'est-à-dire qu'il faudrait économiser toutes les richesses produites par le pays pendant une année complète pour la rembourser ! Même si 600 milliards de dette avaient été créés sous le quinquennat Sarkozy, Hollande avait en 2012 toute latitude pour enrayer l'hémorragie, et c'est sa responsabilité s'il s'est engagé plus loin qu'il ne le pouvait.

Pour prendre la mesure de l'échec des socialistes en matière budgétaire, il suffit de se plonger dans les rapports de la Cour des comptes. En 2015, elle soulignait que la France avait fait moins d'efforts de réduction des dépenses que tous les grands pays européens qui ont « *revu en profondeur les contours de l'action publique* » plutôt que de « *comprimer de manière peu différenciée les dépenses* » comme les socialistes l'ont fait. Forcément, en mettant fin à la règle de non-remplacement d'un fonctionnaire sur deux qui prévalait sous le mandat Sarkozy, et en recrutant 60 000 professeurs, il ne fallait pas s'attendre à autre chose !

Michel Sapin a eu beau fanfaronner en 2016 que le déficit avait été réduit plus rapidement que prévu et François Hollande crier sur tous les toits qu'il avait réformé le pays comme jamais, la froide réalité de la Cour des comptes les a rattrapés : « *Pour financer ses politiques prioritaires et faire face à la remontée inéluctable à terme de la charge de la dette, l'État doit faire des économies structurelles. Celles-ci n'apparaissent pas clairement dans* [le budget] *2015* ». Hollande a bien tenté de détourner l'attention en expliquant son dérapage budgétaire par les dépenses de sécurité supplémentaires consécutives aux attentats de 2015, mais personne n'est dupe : elles représentent à peine 1,5 milliard, sur un déficit total de 80 milliards ! Par contre, les dépenses électoralistes comme le dégel du point d'indice des fonctionnaires, la revalorisation du salaire des professeurs et l'augmentation des aides sociales pour les jeunes, elles, pèsent lourd dans la balance.

Le plus grave, c'est que Hollande n'est pas parvenu à réduire sensiblement le déficit… alors même qu'il continuait à augmenter les impôts ! En 2016, notre pays prélevait près de 44,2 % de son PIB en impôts et cotisations, contre 43,8 % en 2012, après un pic à 44,9 % en 2014. Heureusement, il a redressé un peu la barre en fin de mandat avec des baisses d'impôts pour les ménages les plus modestes, mais cela ne peut pas faire oublier le matraquage des classes moyennes des premières années ! Le pire, finalement, ce sont peut-être les changements incessants de fiscalité opérés par le gouvernement, alors que le candidat Hollande avait donné sa parole qu'il « *ne toucherai*[t] *plus à notre système fiscal pendant le reste de son mandat* » après avoir réalisé sa fameuse réforme fiscale, qui devait « *restaurer l'égalité républicaine devant l'impôt*[4] ». Sans parler de l'engagement du ministre du Budget Jérôme Cahuzac qu'il n'y aurait « *plus d'effort fiscal après 2013* » !

Au-delà des chiffres, je pense que l'une des grandes erreurs de François Hollande en matière économique, c'est de ne pas avoir réussi à prendre le train de la modernité. Comme l'avouent certains des socialistes qui l'ont pratiqué au pouvoir, il a toujours eu un côté « vieille France industrielle », et nommer Arnaud Montebourg à Bercy n'a rien arrangé. Mettre de l'argent dans la recherche, réduire le coût du travail, comme le préconisait Louis Gallois dans son rapport, c'est bien, mais c'est une vision très verticale.

Quelle vision a proposé François Hollande sur l'économie collaborative ? La majorité socialiste a tout fait pour décourager les conducteurs de véhicules de tourisme avec chauffeur (VTC) afin de contenter les taxis, et interdit le service de transports entre particuliers UberPop. Pour freiner le développement d'Airbnb et de ses concurrents, elle a obligé les particuliers à s'enregistrer en mairie avant de pouvoir louer leur logement et forcé les plateformes à faire la police avec leurs utilisateurs qui louent leur appartement plus de 120 jours par an. Comment peut-on rêver à donner naissance aux futurs Google ou Facebook en France avec une telle attitude ?

Comme le dit très bien Virginie Calmels, l'une des lieutenants d'Alain Juppé : « *Le législateur ne peut agir indéfiniment contre la volonté du consommateur et du citoyen. Il ne doit pas brider des innovations d'intérêt général pour défendre des intérêts particuliers. Au contraire, il doit accompagner ce qui va dans le sens de l'histoire, prendre en compte les bénéfices économiques et sociaux des applications de l'économie numérique [...] et adapter la législation à ces nouvelles opportunités tout en luttant contre les distorsions de concurrence*[5]. » Les socialistes sont loin de l'avoir fait.

Tout ça pour ça

Il y a un autre domaine sur lequel je juge durement le bilan de François Hollande : c'est la jeunesse. « *S'il est une ambition sur laquelle je souhaite être jugé, à la fin de mon quinquennat, ce sera celle-là. Changer le destin donné aux enfants. Changer leur vie[6]* », disait-il en 2012, comme d'autres avant lui. Un quinquennat plus tard, le verdict des premiers concernés est sans appel : 8 sur 10 se disent mécontents de la politique menée par Hollande pour la jeunesse et estiment qu'il n'a pas tenu ses engagements[7] ! Dans le même sondage, j'ai découvert avec stupeur que 48 % des jeunes de 18 à 25 ans se disaient « *révoltés* » vis-à-vis de la société française et 27 % « *résignés* », contre à peine 13 % de confiants ou d'enthousiastes.

Malheureusement, ce constat dépasse la simple perception. Côté emploi, la situation n'a pas bougé d'un iota : près d'un actif de moins de 25 ans sur quatre est toujours sans travail[8] – presque trois fois plus que pour le reste de la population –, alors que le taux de chômage des jeunes a baissé de plus de quatre points dans le reste de l'Europe.

Pendant tout son mandat, François Hollande s'est contenté de sparadraps, comme les emplois d'avenir, l'accès au logement ou l'extension des minimas sociaux. C'est mieux que rien, quand on sait qu'un plus d'un jeune sur dix vit sous le seuil de pauvreté. Mais il a renoncé à prendre le problème à la racine en s'attaquant à une réforme profonde de l'école et à la flexibilité du marché de travail, qui reste polarisé entre un CDI ultra-protecteur et un CDD trop précaire. Par manque de courage, Hollande et Valls ont raté la seule occasion de changer vraiment la donne en vidant la loi El Khomri de sa substance face à la grogne des syndicats. Voilà ce que c'est de ne pas réfléchir suffisamment avant son élection : on se retrouve vite dépourvu soit des idées soit de la légitimité nécessaire pour prendre les mesures qui s'imposent.

Si l'on continue l'inventaire, il est indispensable d'examiner les résultats de Hollande sur la scène européenne. Là encore, le constat est difficilement contestable : lui, l'Européen convaincu, n'est pas arrivé à la cheville de son mentor Jacques Delors.

« Avec la crise économique et la crise des migrants, il aurait pu être un Giscard ou un Mitterrand du projet européen, faire avancer les choses. Mais il est resté cinq ans sans rien faire ! », tranche mon collègue centriste Jean-Christophe Lagarde. Aucun des grands chantiers qu'il a mis sur la table n'a en effet été concrétisé.

Ce n'est pourtant pas faute d'avoir essayé. Ah, ça, il en a fait des discours ! Comme quand il a annoncé avec fermeté le 16 mai 2013 qu'il imposerait un compromis à Angela Merkel avant les élections allemandes de septembre pour « *relancer l'union politique européenne* ». Il voulait alors créer un gouvernement économique de la zone euro avec un président fixe, la doter d'un budget et d'une capacité d'emprunt. Sur chacun de ces points, c'est un zéro pointé ! Les rapports et les grandes déclarations se succèdent sans jamais aboutir. En cinq ans, il n'a pas non plus été capable de faire avancer l'indispensable chantier de l'harmonisation fiscale et sociale entre la France et l'Allemagne et dans toute l'Europe, inévitable pour arrêter la compétition stérile entre nos pays.

« *Ce n'est pas si facile, Merkel fait blocage* », se défendent les « hollandais ». Mais a-t-on la certitude que, derrière les portes closes, il a réellement essayé ? Il paraît que lors d'un sommet européen, en 2012, alors que le président du Conseil européen Herman Van Rompuy s'escrimait à défendre la création d'un budget de la zone euro, il a passé son tour, expliquant après coup que cela ne servait à rien, car la chancelière allemande n'en voulait pas. Pourquoi n'a-t-il pas pris les Français à témoin pour faire monter la pression contre Berlin, comme le lui suggérait à l'époque Jean-Marc Ayrault ?

Au-delà de son manque d'énergie, Hollande a payé son incapacité à réduire le déficit budgétaire français de façon crédible. *« Quand vous ne respectez jamais les règles, vous diminuez tout votre crédit politique et il devient plus difficile de tirer des plans sur la comète pour réformer la zone euro*, confirme le directeur de l'Institut Jacques Delors-Notre Europe, Yves Bertoncini. *Même si Hollande a trouvé en 2012 une France affaiblie, ces cinq ans l'ont enfoncée dans l'image d'un pays indécrottablement figé dans des postures idéologiques et des résultats médiocres. »* Finalement, sur le plan économique, la seule victoire européenne de François Hollande aura été de montrer que la camisole des 3 % de déficit n'était pas un dogme, car il a obtenu le droit de ne pas la respecter. *« C'est une victoire réelle qui fait hurler les Allemands, mais qu'il ne peut pas vraiment revendiquer car il avait fait campagne sur un retour au déficit zéro en 2017 »*, relève Bertoncini.

Paranormal

Selon l'endroit où l'on se situe sur l'échiquier politique, on ne partagera pas forcément avec moi ces analyses sur le quinquennat Hollande. Ce qui fait à peu près consensus, en revanche, ce sont les critiques sur la façon de gouverner du personnage.

« Le candidat le plus rassurant de la campagne de 2012 a bien failli devenir le président le plus inquiétant de la Ve République parce que son psychisme était totalement inadapté à la situation de crise que connaissait le pays, analyse la journaliste Françoise Fressoz. *Au lieu de l'autorité et de la décision requises dès la toute première heure, l'amateurisme et le louvoiement*[9]. *»*

Ce qui saute aux yeux, c'est bien sûr sa difficulté à trancher. Combien de temps perdu en allers et retours sur l'écotaxe, les hausses d'impôts ou la *« pause fiscale »* qui n'est jamais vraiment arrivée ? Quelle énergie gâchée à tergiverser sur des sujets annexes, comme l'affaire Leonarda ou l'aéroport de Notre-Dame-des-Landes ! Comment n'a-t-il pas été capable de remettre en place les rebelles de son gouvernement comme Montebourg ou Macron ?

Tout cela découle-t-il d'une incapacité fondamentale à dire « non », comme beaucoup le pensent ? Pas selon la journaliste Cécile Amar, qui l'a suivi pendant quinze ans : « *Il n'est pas indécis, mais sa méthode pour trancher prend du temps. En fait, il pense en marchant, et c'est vrai que c'est dur à suivre, car tout cela se fait en public. [...] Mais il pense toujours pouvoir concilier tout le monde et, du coup, il mécontente tout le monde. La vérité est qu'il est très sûr de lui*[10]. » « *Il était fait pour être un premier secrétaire de recherche systématique de compromis au sein du PS, alors qu'un président, c'est quelqu'un qui trace des perspectives* », abonde François Bayrou. « *Il arbitre comme il a toujours eu l'habitude de le faire, c'est-à-dire que tout le monde peut interpréter sa décision comme il le souhaite*, observe l'aubryste François Lamy, ancien ministre de la Ville. *On ressort toujours content de son bureau*[11]. »

Le plus fort, c'est qu'il réussit en même temps à s'attirer les critiques de gauche qui dénoncent son « hyperprésidence ». « *La marque de fabrique de François Hollande, c'est la confiscation du pouvoir par un seul homme : seul il décide du CICE et du pacte de responsabilité, seul il décide de faire la guerre* », s'exaspère ainsi le député Pouria Amirshahi. « *Après Sarkozy, on s'est dit que si on mettait une personnalité différente à l'Élysée, tout rentrerait dans l'ordre... mais on arrive finalement à la même hystérisation avec des "j'ai décidé que", "je ne céderai pas"* », appuie Cécile Duflot. En bon gaulliste, j'ai pour ma part plus de mal à voir un problème de principe au pouvoir fort. Je préfère penser, comme la philosophe Myriam Revault d'Alonnes, qu'« *on ne peut pas reprocher à Hollande d'avoir eu des initiatives personnelles, mais plutôt que celles-ci aient été catastrophiques* [12] ».

La clef de ce mystère est peut-être à trouver dans son obsession du « micromanagement », décrite par *Le Monde*[13] comme l'un de ses grands points faibles. « *Il a de sa fonction une conception qui n'est pas celle du surplomb, mais de la participation, voire de surveillance de l'exécution. Ce qui le pousse à s'occuper de petites choses* », écrit le journaliste David Revault d'Allonnes, avant de dérouler l'invraisemblable inventaire des décisions dérisoires qu'il a prises à son compte : l'attribution des bureaux à l'Élysée, l'organigramme et les dépenses du cabinet de la présidence, la programmation musicale de la cérémonie du 14 juillet, la liste des invités pour chaque réception officielle et même le prix des capsules de café utilisées au Château. Dans un documentaire sur les coulisses de la présidence[14], on voyait aussi le président passer de longues minutes à réécrire un discours d'hommage à l'académicien Jean d'Ormesson avec le secrétaire général de l'Élysée Jean-Pierre Jouyet… N'avait-il rien de mieux à faire ?

Son problème, comme le confie un ancien collaborateur, c'est qu'il « *n'a confiance qu'en lui-même. Donc il se sent obligé de régler lui-même tous les petits détails*[15] ».

L'autre souci de François Hollande, c'est qu'il n'explique jamais rien. « *Même quand il tient ses engagements, il n'explique pas pourquoi il doit les tenir !* », persifle Franck Riester. « *Obama est constamment présent auprès des Américains, pour cadrer, expliquer et rassurer. De Gaulle, Pompidou ou Giscard, on savait où ils allaient. Mais Hollande n'assume pas la fonction présidentielle de rendre les choix transparents aux citoyens pour qu'ils soient entraînants* », compare Bayrou. À chaque fois qu'il est interrogé par des Français à la radio ou à la télé, cela se transforme en naufrage, car il se borne à dérouler sa « boîte à outils contre le chômage » comme un VRP ou à prodiguer des conseils fiscaux comme un expert-comptable, sans arriver à tracer des perspectives.

Pour Pierre Rosanvallon, c'est l'un des grands échecs de sa promesse de présidence normale : « *la normalité aurait aussi dû signifier une présidence qui descend de son piédestal en termes institutionnels : c'est-à-dire qui rend des comptes, qui mène une action lisible, fixe un cap, qui fait preuve de responsabilité* ». Tous les six mois, Hollande a bien tenu une conférence de presse solennelle devant un parterre de journalistes de plus en plus sceptiques, mais il n'en est jamais rien sorti : jamais un *mea culpa*, ou une vraie vision à long terme de son action ou de l'avenir de la France.

La seule qualité qu'on peut reconnaître à son tempérament, c'est son calme et sa rondeur rassurante, qui l'ont porté à la hauteur de la fonction dans les moments les plus graves, comme les interventions militaires au Mali et en République centrafricaine ou les attentats. Mais il en faut plus pour incarner cette fonction si exigeante de président de la République française.

Stériles oppositions

A-t-on une part de responsabilité dans le fiasco de ce quinquennat ? Vous n'entendrez pas souvent publiquement cette interrogation dans la bouche d'un responsable de droite. Nous n'avons évidemment aucun intérêt à ce qu'un socialiste réussisse à l'Élysée – et encore moins à nous associer à ses échecs. Mais cela ne nous empêche pas de réfléchir, en privé, au tour qu'auraient pu prendre les choses si nous avions agi différemment.

Il est bien connu que, contrairement à d'autres pays, les institutions et les traditions politiques de la Vᵉ République ne poussent pas vraiment l'opposition à collaborer avec la majorité et le gouvernement, de gauche comme de droite.

Je me suis souvent senti mal à l'aise quand, au début du quinquennat, Jean-François Copé réclamait la démission d'un ministre ou du président à chaque décision qui ne lui convenait pas. C'était bien sûr le rôle de l'UMP de s'opposer au gouvernement sur les questions qui nous paraissaient cruciales, mais à quoi bon nier la légitimité du suffrage universel qui avait porté la gauche au pouvoir ? Cette stratégie, conjuguée à la guéguerre Copé-Fillon pour la présidence de l'UMP en 2012, nous a marginalisés sur l'échiquier politique pendant toute la première moitié du quinquennat, et a considérablement affaibli notre capacité d'influence sur les choix importants faits par la majorité.

Même si la gauche de la gauche et les médias nous ont bien aidés, nous avons aussi joué notre partition dans la diffusion rapide du «Hollande bashing», qui reposait dans les premiers temps davantage sur de la posture que sur de véritables griefs. Je sais que les ténors de la majorité nous en veulent encore de nous être distanciés un peu vite de l'inventaire des années Sarkozy. Ainsi, l'ex-ministre de la Décentralisation Marylise Lebranchu s'indignait récemment devant moi : « *Dans toute ma carrière, je n'ai jamais vu une opposition s'abstraire aussi vite de sa responsabilité, en particulier sur l'endettement*[16]. *Et vous réclamiez des postes dans la police ou la défense, après les avoir supprimés !*» Un point pour elle.

J'ai souvent eu la hantise que mes électeurs tombent sur l'échange déplorable qui a eu lieu le 23 avril 2013 à l'Assemblée entre mon collègue de l'opposition Dominique Dord et le ministre du Budget Bernard Cazeneuve, auquel un remix hip hop particulièrement réussi a donné une importante caisse de résonance début 2016[17]. Le député de Savoie moquait la tendance du gouvernement à rejeter la faute sur d'autres en déroulant une litanie où chaque mauvais résultat du gouvernement était ponctué d'un ironique « *Mais ce n'est pas de votre faute*»! Le second lui rétorquait « *Vous avez raison, ce n'est pas* de notre faute, c'est de la vôtre », en attribuant au quinquennat Sarkozy tous les problèmes de la France. Que peuvent bien penser les Français d'un tel spectacle ?

L'autre problème, c'est qu'on a eu tendance à considérer que le mandat de Hollande, c'étaient cinq années perdues pour la France. On s'est souvent mis en opposition frontale avec son programme de campagne, avec pour seul objectif de le faire échouer, sans tenter d'infléchir la politique qu'il menait.

En 2013, le débat sur le mariage pour tous nous a permis de nous en donner à cœur joie pour explorer toutes les subtilités de la guérilla parlementaire : nous avons déposé pas moins de 5 166 amendements lors de l'examen du texte. Certes, cela faisait de nous des petits joueurs comparés aux 137 401 amendements de la gauche sur la loi énergie en 2006, mais le résultat était tout aussi vain. Le rejet systématique de nos amendements n'a permis que de gagner du temps pour faire monter la grogne de la Manif pour tous dans la rue, mais en aucun cas d'améliorer le texte. Bien sûr, c'était cause perdue, car Hollande avait derrière lui un engagement électoral clair et une majorité déterminée. Alors bien sûr, nombre de mes collègues se félicitent que notre opposition déterminée ait fait renoncer le gouvernement à l'ouverture de la procréation médicalement assistée (PMA) aux couples de femmes… mais je ne suis pas sûr que Hollande ait de toute façon eu l'intention de tenir cette promesse.

En revanche, céder moins facilement au confort de l'opposition stérile nous aurait permis d'influer plus facilement sur le contenu d'autres textes plus modelables. Si nous n'avions pas déposé 500 amendements quasi identiques sur le premier article du projet de loi sur la transition énergétique, qui proclamait l'objectif de réduire notre dépendance au nucléaire de 75 % à 50 % sur la production d'électricité, peut-être aurions-nous pu réorienter ce texte à notre avantage. Mais non, après avoir gâché notre temps de parole avec de l'obstruction ridicule, nous avons été contraints de sécher le dernier jour des débats, pourtant crucial. Les socialistes avaient pourtant assuré qu'ils étaient prêts à prendre en compte certaines de nos doléances[18].

Quelques exemples, assez rares certes, ont pourtant montré pendant le quinquennat que droite et gauche étaient capables de s'entendre pour voter de concert des textes importants. Bien sûr, il y a la tradition de l'union sacrée contre le terrorisme, qui a primé lors des votes des différentes lois anti-terroristes, de la loi sur le renseignement ou des prolongations de l'état d'urgence. Mais nous avons aussi adopté à la quasi-unanimité les lois sur la république numérique, la fin de vie, le gaspillage alimentaire ou encore l'égalité femmes-hommes, préparées dans le consensus.

Pourquoi n'a-t-on pas réussi à faire de même sur les réformes économiques ? Après les attentats de janvier 2015, François Rebsamen a poussé Hollande à profiter du climat d'unité nationale en nommant une commission droite-gauche chargée d'identifier les cinq ou dix réformes prioritaires pour le pays[19]. Mais le président a refusé, persuadé que Sarkozy, redevenu chef de l'opposition, lui opposerait une fin de non-recevoir humiliante – le connaissant, il l'aurait sûrement fait.

Jean-Pierre Raffarin et Manuel Valls ont à leur tour tenté de lancer un «pacte républicain contre le chômage» après la poussée du FN aux régionales de décembre 2015, mais il ne s'est jamais concrétisé. On peut en attribuer la faute au débat sur la déchéance de nationalité qui a pollué l'espace politique pendant plusieurs mois. Mais, fondamentalement, je pense que le PS et Les Républicains ont trop peur d'accréditer la thèse frontiste de l'«UMPS» en travaillant main dans la main. On dirait qu'ils pensent que les grandes coalitions droite-gauche sont la source des poussées populistes observées ces derniers temps en Allemagne ou en Autriche, et qu'il faut dramatiser au maximum les clivages entre eux pour endiguer ce risque.

Je ne suis pas vraiment de cet avis. Je n'irais certes pas jusqu'à dire, comme le centriste Jean-Christophe Lagarde, qu'«*il y a des gens au gouvernement, dans la majorité et dans l'opposition qui ont des visions compatibles des politiques économiques et qui pourraient gouverner ensemble*». En revanche, pourquoi s'interdire de travailler ponctuellement avec le gouvernement s'il va dans le bon sens ? Comme le fait souvent remarquer Franck Riester, qui est l'un des rares députés UMP à avoir voté le mariage pour tous, «*les Français détestent qu'on soit dans un positionnement politicien à partir du moment où on est d'accord sur le fond*». Nos électeurs ne peuvent pas comprendre qu'on s'oppose au pacte de responsabilité ou à la loi travail au seul prétexte qu'ils ne vont pas assez loin ou qu'ils sont proposés par un gouvernement socialiste.

Bien sûr, il faut pour cela qu'on ait du répondant en face. On a vu très rapidement que le gouvernement n'était guère disposé à nous écouter lors du débat sur la mise en place des emplois d'avenir, à l'automne 2012. Malgré les demandes répétées de la droite et du centre, le ministre du Travail, Michel Sapin, n'a jamais accepté de recentrer ce dispositif sur le privé, au lieu de mettre la priorité sur le secteur public et les associations. Or, on le voit aujourd'hui, il y a eu des effets d'aubaine dans les administrations, qui ont embauché des jeunes grâce à ces nouvelles aides alors qu'elles les auraient engagés de toute façon. C'est dans l'économie réelle que ces contrats avaient du sens.

En revanche, notre travail parlementaire a permis de transformer de façon déterminante le projet initial du gouvernement, qui n'était que l'application creuse de l'engagement du candidat Hollande. Nous avons imposé l'idée que les employeurs recourant aux emplois d'avenir devaient obligatoirement fournir une formation aux bénéficiaires, pour faciliter leur insertion professionnelle à la fin du contrat. Cela a donné une vraie plus-value à ce nouveau dispositif par rapport aux emplois aidés existants et a largement contribué à son succès.

Sur la plupart des grands textes du quinquennat, mes scrupules restent assez virtuels, car le fait que la droite ait voté contre n'a rien changé, puisque la gauche avait la majorité absolue à l'Assemblée et pouvait faire passer ses textes sans nous.

Là où nous avons eu une réelle influence, c'est sur l'ensemble des réformes constitutionnelles que François Hollande souhaitait impulser pendant son quinquennat. En effet, il n'y a que deux solutions pour réviser la Constitution : convoquer un référendum (hautement risqué, car les Français ont la fâcheuse tendance de ne pas répondre à la question qu'on leur pose) ou réunir la majorité des trois cinquièmes des parlementaires de l'Assemblée et du Sénat réunis en Congrès à Versailles. Or, même si elle contrôlait en 2012 les deux chambres du Parlement, il manquait à la gauche une quarantaine de voix pour obtenir cette majorité[20]. Il lui fallait l'appui d'une partie de la droite et du centre pour réussir ces réformes.

Quand ils ont été reçus à Matignon par Jean-Marc Ayrault, en février 2013, Christian Jacob et Jean-Claude Gaudin, les présidents des groupes UMP à l'Assemblée et au Sénat, n'ont pas fait dans le détail : ils ont signifié à Hollande qu'ils s'opposeraient à chacune des révisions proposées par la gauche.

Que l'on fasse barrage au droit de vote des étrangers aux élections locales, auquel nous étions bien sûr farouchement défavorables, ne m'a posé aucun problème. Aux socialistes qui m'accusaient de m'opposer à la volonté des Français, je répondais que rares étaient ceux à avoir élu François Hollande pour tenir cet engagement précis. D'ailleurs, les sondages y étaient majoritairement défavorables depuis 2011. Le sujet était suffisamment sensible pour faire l'objet d'un référendum, si Hollande voulait vraiment concrétiser cette réforme. Il pouvait le faire au début de son mandat, quand il gardait encore un peu de popularité.

En revanche, nous aurions pu adopter une posture plus constructive sur les autres réformes plus « techniques » promises par Hollande pendant la campagne :

- la modification du statut pénal du chef de l'État, qui empêche la justice de le convoquer pendant son mandat ;
- la suppression de la Cour de justice de la République, une juridiction d'exception qui juge les infractions commises par les ministres pendant l'exercice de leurs fonctions ;
- la fin de l'entrée automatique des anciens présidents de la République au Conseil constitutionnel ;
- l'interdiction pour les ministres de cumuler leur fonction avec un mandat exécutif local ;
- la réforme de la composition et des compétences du Conseil supérieur de la magistrature (CSM) ;
- la suppression symbolique du mot « race » de la Constitution ;
- l'inscription du dialogue social dans la Constitution, qui obligerait le gouvernement à engager une concertation avant toute réforme en matière de travail, d'emploi et de formation ;
- la ratification de la Charte européenne des langues régionales ou minoritaires, gelée depuis sa signature en 1999.

Personnellement, j'étais favorable à certaines de ces évolutions et j'ai regretté notre opposition stérile. Si on avait brandi à chaque révision constitutionnelle l'argument que « *cette réforme n'a rien d'urgent*[21] », on n'aurait jamais instauré la question prioritaire de constitutionnalité (QPC[22]), considérée aujourd'hui comme une indéniable avancée de notre droit.

Avec le recul, ces petits jeux de récréation constitutionnels, aussi désolants et chronophages qu'ils soient, n'étaient rien comparés à ce qui allait suivre avec la déchéance de nationalité pour les binationaux. Quand, au lendemain des attentats du 13 novembre 2015, Hollande a proposé à Versailles d'inscrire dans la Constitution cette mesure symbolique que nous réclamions depuis des mois, nous étions tous debout pour l'applaudir.

Était-il dans une véritable démarche d'union sacrée au-delà des clivages, ou déjà dans un jeu politicien visant à nous piéger ? Toujours est-il que quand, après quatre mois de débats vains, Hollande a été contraint de renier son « serment de Versailles » en abandonnant la révision constitutionnelle, il a essayé avec une grande mauvaise foi de nous en faire porter la responsabilité. Mais le sommet de l'hypocrisie a été atteint par le patron du PS, Jean-Christophe Cambadélis, qui a déclaré, le 30 mars 2016 : *« Nous n'avons pas convaincu la droite en général, et la droite sénatoriale en particulier, de rentrer dans l'union nationale pour renforcer notre droit dans la lutte contre le terrorisme ».*

À ceux qui réécrivent l'histoire, un petit rappel des faits est peut-être utile. Lors de son discours devant les parlementaires, le 16 novembre 2015, Hollande a promis d'élargir la déchéance de nationalité à tous les terroristes plurinationaux, même nés Français. Le texte présenté le 23 décembre en conseil des ministres visait spécifiquement les binationaux, pour éviter de produire des apatrides en retirant leur seule nationalité à certains individus.

Ce n'est que le 27 janvier 2016, poussé par les grognements de sa majorité et la démission de Christiane Taubira, que Manuel Valls a proposé un nouveau texte étendant la déchéance à tous les Français, pour ne pas « stigmatiser » les binationaux. Le 22 mars 2016, la majorité de droite au Sénat n'a fait que refuser l'absurdité de la « déchéance pour tous » proposée par le gouvernement, qui risquait de créer des apatrides au mépris de tous les engagements internationaux de la France, en revenant au texte initial. Les textes votés par l'Assemblée et le Sénat n'étant pas identiques, le Congrès ne pouvait pas avoir lieu, à moins de recommencer la navette. C'est Hollande qui a décidé de jeter l'éponge à ce stade.

Comment Manuel Valls peut-il parler d'une *« mesure que le président de la République et l'exécutif, dépassant les frontières partisanes, ont voulu mettre en œuvre dans un souci d'unité »*, d'une « *main tendue refusée par le Sénat* »? C'est Hollande lui-même qui, comme l'a dit Nicolas Sarkozy, « *a créé les conditions de l'échec* », « *à force de promettre tout et le contraire de tout* » et d'être incapable de s'entendre avec sa majorité ! « *À quel moment a-t-il expliqué en détail pourquoi la déchéance de nationalité devrait rentrer dans la Constitution ? Jamais !* », abonde Franck Riester.

Bien sûr, je ne peux pas vous cacher qu'au vu des circonstances, nous étions nombreux à être contents d'avoir empêché Hollande de se prévaloir d'une révision constitutionnelle à un an de la fin de son quinquennat. Comme me le disait avec malice un ami centriste, « *la Constitution est le seul jouet de président auquel il n'aura pas touché* »...

L'ingratitude de la gauche

Pour garder la conscience tranquille sur l'échec de ce quinquennat, il me suffit de me remémorer la contribution qu'y a apportée le PS lui-même. De toute ma vie politique, je crois n'avoir jamais observé une majorité présidentielle se déchirer aussi vite et aussi profondément, au point de donner l'impression de jouer contre son propre président.

Ils n'étaient qu'une vingtaine à l'automne 2012, autour de Pouria Amirshahi, Jérôme Guedj et Pascal Cherki, à s'opposer à la ratification du traité budgétaire européen. Pas grand monde ne faisait attention à eux. Mais c'est quand Hollande a commencé à assumer sa politique économique, et surtout quand il a nommé Manuel Valls à Matignon, qu'ils ont franchi le Rubicon, en refusant de lui voter la confiance et d'approuver certains textes budgétaires. C'est alors qu'on a commencé à parler de « frondeurs ».

Même si finalement, leur nombre n'a jamais dépassé la quarantaine, ni constitué une véritable menace pour le gouvernement, ils n'ont pas eu de mal à se faire entendre, profitant de la caisse de résonance que leur offraient des médias ravis de rejouer la bataille des deux gauches. Quelle sensation que de voir Arnaud Montebourg et Benoît Hamon, deux ministres en exercice, envoyer une « *cuvée du redressement* » au président depuis Frangy-en-Bresse pour tenter de réorienter la politique du gouvernement, à l'été 2014 ! Quel délice pour les journalistes que d'avoir 28 députés socialistes prêts à voter une motion de censure pour renverser Valls pendant le débat sur la loi travail, au printemps 2016 ! Même si celle-ci n'avait aucune chance d'aboutir...

Tous les « hollandais » avec qui j'en ai discuté sont persuadés que les frondeurs ont été une véritable force de nuisance pour le président. Pour le patron des députés PS, Bruno Le Roux, ils ont d'abord affaibli l'autorité du gouvernement en créant des difficultés « *texte après texte* », alors que « *la droite ne nous pose pas le moindre problème*[23] ». C'est en effet à cause d'eux que Manuel Valls a dû user à deux reprises de l'article 49-3 pour faire passer en force les lois Macron et El Khomri, car il n'était pas sûr d'obtenir une majorité. Le ministre de l'Agriculture, Stéphane Le Foll, leur en veut « *car ce temps que nous avons passé à nous expliquer entre nous a été du temps perdu avec les Français*[24] ». Le Premier ministre avait sans doute mieux à faire que de multiplier les rendez-vous avec Montebourg et les frondeurs de l'Assemblée pour tenter de les calmer. Sans parler des autres fortes têtes qui sortaient du bois à l'occasion, comme la maire de Paris, Anne Hildago, qui a pesé de tout son poids contre la réforme du travail du dimanche engagée par le gouvernement.

Comment aurait-on pu imaginer il y a quelques années que François Hollande, le roi de la synthèse solférinesque, se retrouve dans cette situation ? Il avait pourtant un PS à sa botte, dirigé successivement par Harlem Désir et Jean-Christophe Cambadélis... pas vraiment des rebelles. « *L'erreur incroyable*

qu'il a commise, c'est d'avoir laissé les investitures aux législa-
tives de 2012 à Aubry, et d'avoir sa majorité plombée par 50 à 60
mecs qu'il ne maîtrise pas », m'a confié son ami Robert Zarader.

Si l'on écoute Valls, Hollande a aussi payé l'absence de
mue idéologique de son parti, car « *une partie de la gauche*
refuse toujours d'assumer la réalité, elle occulte la gravité du
moment : la menace terroriste, la crise du pacte républicain, la
crise européenne[25] ». Cette gauche, c'est celle du « *"c'était mieux*
avant", qui idéalise les années Mitterrand, le vieux programme
commun, les Trente Glorieuses », comme le dit l'historien Pierre
Rosanvallon[26]. Ce que je ne comprends pas, c'est pourquoi
Hollande n'a pas montré plus de fermeté en virant du PS les
frondeurs les plus indisciplinés pour calmer les autres.

Vous me surprendrez rarement à défendre les frondeurs,
dont je pense que beaucoup agissent par posture et par stratégie.
Mais une petite part de moi ne peut s'empêcher de compatir
avec les accents sincères de déception qui sortent parfois de
leur discours. « *En 2012, j'avais confiance dans ce qu'allait faire*
François Hollande, se désole ainsi Pouria Amirshahi après un
quinquennat de souffrance. *Il avait dû tirer les leçons de tous les*
moments où la gauche avait failli exploser faute d'avoir entendu
le peuple, comme avec le débat sur la Constitution européenne
en 2005. J'ai pensé qu'il n'avait pas le choix, étant tenu par une
majorité sociale et un contrat de conscience. Mais il a totalement
piétiné ce contrat. »

Quand je me mets à la place des députés de l'aile gauche du
PS, je peux en effet imaginer ce qu'ils ont ressenti en voyant
arriver le CICE, le pacte de responsabilité, la loi renseignement
et la déchéance de nationalité… Et le pire, pour eux, c'est
qu'ils avaient beau s'agiter dans tous les sens, au fond, ils
n'avaient aucun pouvoir pour faire changer les choses. Qu'a
pesé l'« appel des 77 députés » socialistes en faveur du droit
de vote des étrangers ? À quoi a servi l'« appel des 100 députés

socialistes » pour la PMA ? Qu'est devenue la plateforme des 100 députés PS qui voulaient réorienter la politique budgétaire avec un plan de relance ? Qu'a donné l'« appel des 43 députés » (dont 16 socialistes) pour la restructuration de la dette grecque ? Quels infléchissements ont provoqué les sorties à répétition de Martine Aubry contre le gouvernement ?

Amirshahi et ses amis avaient raison : seule « *une confrontation directe du législatif contre l'exécutif* », avec des « *transgressions démocratiques* » comme le vote de défiance ou l'abstention sur le budget, pouvait faire bouger le gouvernement… Mais ils le reconnaissent eux-mêmes : leur « *stratégie d'émancipation parlementaire* » a échoué, car ils sont restés minoritaires au sein d'un groupe PS « *assigné à obéissance par la croyance qu'ils doivent leur élection uniquement au président* », comme le dit Cécile Duflot.

Comme nous à droite sous la présidence de Sarkozy, la majorité des socialistes n'ont pas osé s'élever contre cette pratique de la Ve République selon laquelle l'Assemblée doit être une chambre de soutien du gouvernement. « *Il est symptomatique qu'on parle de "députés loyaux" pour qualifier ceux qui ont voté toutes les lois du gouvernement, même si certaines étaient contradictoires avec les 60 engagements de Hollande* », remarque Duflot. « *Les autres députés socialistes ont donc leur part de responsabilité, aux côtés de Hollande lui-même* », sur son bilan, tranche Pouria Amirshahi.

Ce sont aussi les barons locaux du PS, alliés avec les radicaux de gauche de Jean-Michel Baylet, qui ont fait capoter l'une des réformes les plus ambitieuses du quinquennat : la suppression du département. Ils ont également crié suffisamment fort pour que le gouvernement renonce à réformer les obsolètes dotations de l'État aux collectivités locales, par peur de perdre de l'argent pour leurs fiefs dans l'équation.

On les a moins entendus pour défendre l'introduction de 15 % à 20 % de proportionnelle – une réforme qui aurait rendu le scrutin législatif plus représentatif, qu'Hollande avait promise au PS, aux écolos et aux Français. François Bayrou s'en étrangle encore : « *François Hollande s'y est engagé, et il n'en a rien fait, avec une désinvolture incroyable…* » Il fallait entendre Stéphane Le Foll expliquer sans ciller en 2015 qu'il ne fallait pas faire la proportionnelle car le gouvernement n'avait pas « *le temps* » et parce que, selon lui, ce n'était pas « *l'attente des Français*[27] ». Et Jean-Marie Le Guen d'en rajouter une couche : « *C'était tout un casse-tête au niveau pratique : il fallait soit rajouter des circonscriptions, et cela coûte cher, soit redécouper, et alors les députés ne sont pas chauds et on est accusés de tripatouillages électoraux. Et en plus, cela ne change pas l'offre politique globale.* »

Pas un n'a le courage d'admettre que le PS n'a égoïstement aucun intérêt à introduire la proportionnelle (comme chez Les Républicains, d'ailleurs). Premièrement, il perdrait un moyen de pression sur ses alliés écolos, radicaux et communistes, qui n'auraient plus besoin d'accords électoraux pour avoir une représentation parlementaire à la hauteur de leur poids électoral.

Conclusion du centriste Jean-Christophe Lagarde : « *Le seul moyen pour imposer la proportionnelle, c'est de conquérir nous-mêmes le pouvoir. Tant que les deux forces politiques au pouvoir n'ont pas intérêt à le faire, elles ne le feront pas : elles ne vont pas se suicider !* »

Je ne vais pas jouer les ravis de la crèche ou les ingénus : Hollande a fait comme beaucoup avant lui, en promettant ce qu'il n'a pas pu tenir, mais qu'il lui fallait promettre pour se faire élire. Un réflexe nocif de la classe politique, dont je fais bien évidemment partie. Mais peut-être plus que les autres, « monsieur normal » a généré des attentes élevées autour d'une campagne axées sur des valeurs, sans être ensuite en mesure d'y répondre.

Il aura beau se trouver des circonstances atténuantes pour se défendre – le bilan de ses prédécesseurs, les divisions dans son camp, tout ce qui n'était pas prévu... – je ne vois pas comment il pourra se défaire du sentiment généralisé d'échec de sa politique, qui lui vaut aujourd'hui d'être aussi impopulaire. Malheureusement, cette manie de décevoir les attentes des électeurs est une constante politique, et je pense qu'à droite aussi, nous devrions tirer les leçons de ce quinquennat. Par exemple, en faisant plus attention au sens de nos paroles lors des campagnes à venir.

6

« Moi président,
je défends mon bilan »

Note : Ce chapitre est un récit fictif que François Hollande aurait pu écrire, composé en grande partie de phrases qu'il a effectivement prononcées. Elles sont signalées par des italiques sans guillemets.

Je vous le concède d'emblée, car je sens que vous avez besoin de l'entendre : vu les quatre années qui viennent de s'écouler, c'est vrai que je n'ai pas réussi tout ce que j'ai entrepris.

Je n'ai pas tout réussi, mais trop souvent, dans les médias ou dans la bouche de mes opposants, mon bilan est caricaturé, déformé, malmené. Je ne fais guère de cas du «Hollande bashing», qui s'attarde plus sur des cravates indisciplinées ou des sourires malhabiles que sur le débat d'idées. *Je ne suis ni insensible aux bassesses, ni indifférent aux outrances. Mais je ne montre rien car le chef de l'État doit mettre ses sentiments personnels de côté. Je peux trouver les attaques exagérées ou déplacées. Mais elles ne me touchent pas*[1]. En revanche je ne tolère pas l'injustice et le mensonge concernant les résultats de mon action. Sur mes 60 engagements de campagne, vous verrez que j'ai mis en route la quasi-totalité des chantiers.

Je n'ai pas tout réussi, mais j'ai souhaité réformer mon pays jusqu'au bout. J'ai refusé l'immobilisme qui a trop souvent guidé le pouvoir politique ces dernières décennies.

J'ai combattu les corporatismes, les conservatismes, tous ces verrous dogmatiques qui bloquent chaque évolution. Je refuse de laisser la société française s'enfermer dans la peur du changement. Ce sont ces principes qui m'ont guidé lors des débats au sujet de la loi sur le mariage pour tous comme de la loi Macron ou de la réforme du code du travail.

Je n'ai pas tout réussi, mais j'ai remis des moyens dans l'éducation, la justice, la police. J'ai mis fin à cette règle absurde du pouvoir sarkozyste de non-remplacement automatique d'un fonctionnaire sur deux. J'ai aussi mis toute mon énergie à lutter contre le chômage, et en 2016, les premiers résultats commencent à se faire sentir[2].

Je n'ai pas tout réussi, mais j'ai tenté de redorer l'image de la France au-delà de nos frontières. J'ai montré mon volontarisme en refusant de livrer le Mali à la terreur djihadiste, en évitant à la République centrafricaine de plonger dans le chaos, en faisant tout pour garder la Grèce dans la zone euro, en œuvrant activement pour l'adoption de l'accord de Paris lors de la COP21.

Je n'ai pas tout réussi, mais j'ai tout fait pour permettre à la nation française de continuer à se tenir debout, unie face au terrorisme qui ne nous privera jamais de notre liberté, de notre joie, de nos valeurs républicaines. J'ai endossé les décisions difficiles pour adapter notre dispositif sécuritaire à la dangerosité de la menace. J'ai intensifié la lutte sur le terrain contre Daech. J'ai cherché à associer nos partenaires dans cette guerre de tous les instants contre la barbarie terroriste.

Je n'ai pas tout réussi, mais *ça va mieux*. On m'a reproché cette formule, car les signaux mettent du temps à se muer en changements concrets pour les Français, mais je l'affirme : *Il y a davantage de croissance, il y a moins de déficits, il y a moins d'impôts, davantage de compétitivité, de marges pour les entreprises, il y a aussi davantage de pouvoir d'achat pour les salariés*[3].

Je le sais, les résultats sont encore trop timides, mais ils sont là. Notre économie relève la tête et *si j'arrive à faire passer l'idée que ça va mieux, ça ira encore mieux*[4].

Malgré tout, je n'ai pas tout réussi. J'entends les critiques. Je comprends les frustrations. J'admets les erreurs. Je ne détourne pas la tête, je ne fuis pas mes responsabilités. Je suis prêt à répondre point par point aux reproches qui me sont faits.

Ni sang ni larmes

Je le reconnais, on a sans doute raté quelque chose dans le diagnostic. « *On a mal estimé la situation du pays, on n'était pas prêt à le gérer dans cet état* », me rappelait à raison le patron des sénateurs socialistes Didier Guillaume. J'ai découvert en arrivant à l'Élysée une France en perdition, asphyxiée par les déficits et l'atonie économique – et contrairement à ce qu'affirment certains, ce n'est pas une justification *a posteriori* ou un mythe destiné à expliquer ce qui n'a pas fonctionné. « *Hollande avait bien conscience des difficultés avant l'élection, puisqu'il a fait toute la campagne des primaires sur la situation financière, la dette, le déficit…* », me reprochait d'ailleurs récemment Aurélie Filippetti. Je savais qu'il faudrait redresser la barre des finances publiques après l'élection, mais, croyez-le ou non, je ne pensais pas que notre compétitivité était à ce point dégradée et que les effets de la crise continueraient à freiner la reprise aussi longtemps.

Mon erreur a peut-être été de ne pas révéler tout de suite aux Français l'ampleur des difficultés. « *On ne s'est pas servis du rapport de la Cour des comptes*[5], *on n'a pas voulu mettre du négatif dans le début du quinquennat, ça a été l'erreur de base de ce mandat* », analyse ainsi Didier Guillaume. J'aurais pu me lancer dans une grande opération vérité, comme me le soufflaient certains de mes conseillers, Emmanuel Macron et Aquilino Morelle en tête[6]. J'aurais dû mieux expliquer aux

Français que la dette avait grimpé de 600 milliards sous le mandat de Nicolas Sarkozy, que l'Europe traversait une crise inédite et profonde, que notre compétitivité était incroyablement dégradée. «*En arrivant au pouvoir, la gauche a dû faire ses preuves et rééquilibrer les comptes. Pour mémoire, la droite nous laisse des trous dans les caisses avec un déficit supérieur à 5 % et zéro mesure d'économie*», note le député PS Dominique Lefebvre quand il défend notre politique.

Mais j'aurais pu expliquer aux Français pourquoi les hausses d'impôts étaient nécessaires, pourquoi des mesures d'économie seraient inévitables. Je n'ai pas osé imposer «*le sang, le labeur, les larmes et la sueur*» à un peuple de France qui sortait de cinq années de sarkozysme. La manœuvre n'est pas si simple. *Le sang, la sueur et les larmes, ça ne marche pas. Les Français sont imperméables à ce discours parce que, depuis Raymond Barre en 1976, on le leur a servi en permanence. Les gens disent*: «*On a déjà donné, on n'a plus de sang, on n'a plus de sueurs, on n'a plus de larmes*», *donc ça n'opère plus*[7]. Il suffit de voir la volée de bois vert qu'avait subie François Fillon quand il avait assumé, en 2007, être à la tête d'un État «*en situation de faillite*»…

À mon sens, la France ne *devait pas se laisser envahir par une vision de la récession ou du doute.* L'héritage était lourd, mais *je n'ai pas voulu dramatiser, j'avais peur que les investisseurs se détournent, qu'on devienne comme l'Italie ou l'Espagne. J'ai vécu dans la hantise d'une fuite des capitaux*[8]. J'ai donc refusé ce grand discours aux accents churchilliens voulu par une partie de mes conseillers.

Je n'ai pas souhaité inscrire le début de mon mandat dans une ambiance de fin du monde. La sinistrose ne me semblait pas la meilleure stratégie pour redonner confiance aux Français. Mais, au bout de quelques mois, il a bien fallu expliquer les hausses d'impôts. Je n'ai pas hésité à le faire lors de mes vœux aux Français pour l'année 2014: *La crise s'est révélée plus longue, plus profonde que nous ne l'avions nous-mêmes prévu,* leur ai-je expliqué. *Et nous en avons payé le prix avec une croissance faible et une succession de plans sociaux. L'état même du pays a justifié que je vous demande des efforts.* Je sais que ce discours n'est pas audible pour les plus fragiles, mais il correspond à une nécessité, celle du redressement des comptes publics.

Malédiction fiscale

J'ai été contraint d'augmenter fortement les impôts pendant les deux premières années du quinquennat. Une partie des Français a pu ressentir ce changement de braquet comme un « *matraquage fiscal* », selon l'expression martelée par la droite. Entre 2012 et 2014, entre 35 et 40 milliards d'euros d'impôts supplémentaires ont été demandés aux entreprises et aux ménages[9]. Une hausse globale de la fiscalité d'autant plus douloureuse que la droite avait déjà fortement augmenté les impôts à la fin du mandat de Sarkozy[10].

Je reconnais avoir demandé beaucoup aux Français, sans doute trop. Manuel Valls évoquera plus tard les « *dégâts considérables* » de cette hausse, s'interrogeant sur une « *forme de rupture entre les Français et l'impôt[11]* », quelque temps après que Pierre Moscovici a commis l'erreur de parler de « *ras-le-bol fiscal* » des Français. Je n'irai pas jusqu'à un *mea culpa* fiscal, car l'augmentation était nécessaire pour boucler les comptes, et je l'assume. J'avais d'ailleurs annoncé dès le départ qu'il faudrait redresser lors de la première moitié du quinquennat pour pouvoir redistribuer à la fin. Mais mon Premier ministre a raison quand il évoque un « *choc fiscal pour les gens* », et je regrette notre manque collectif de pédagogie. *On paie souvent la première loi de finances rectificative[12].* Nicolas Sarkozy a souffert tout au long de son quinquennat de la loi TEPA[13] et du bouclier fiscal, voté à son arrivée au pouvoir et interprété comme une offrande fiscale aux plus riches. *Nous, on a payé les 11 milliards d'impôts nouveaux levés à notre arrivée*[14].

Nous avons fait preuve de maladresse dans notre manière de procéder. Quand Jean-Marc Ayrault annonce à l'automne 2012 que «*neuf contribuables français sur dix ne seront pas concernés par les augmentations de fiscalité*», l'imprudence est évidente. Le chef du gouvernement pensait uniquement aux mesures du budget 2013, mais l'imprécision de sa formule n'a pas joué en notre faveur et les médias ont eu beau jeu de démontrer comment l'ensemble des mesures touchaient bien plus que 10 % des Français. Cependant, la phrase du Premier ministre avait le mérite de mettre en évidence une réalité : nous avons fait supporter aux ménages les plus aisés l'essentiel des hausses d'impôts, avec la création d'une tranche supplémentaire de 45 % dans le barème de l'impôt sur le revenu, la baisse du plafond du quotient familial, la limitation des niches fiscales à 10 000 euros par an, le durcissement de l'impôt sur la fortune allégé par mon prédécesseur, la taxe à 75 % sur les hauts revenus… Mais trop de Français ont malgré tout ressenti les effets des hausses d'impôts.

C'est pour cette raison que j'ai rapidement souhaité annoncer une pause fiscale, dès septembre 2013, pour l'année 2014. Il s'agissait de restreindre les hausses d'impôts à l'augmentation de la TVA et au plafonnement du quotient familial. Mais notre communication confuse a de nouveau compliqué les choses. Jean-Marc Ayrault a voulu expliciter l'engagement, en évoquant «*un ralentissement, pour aller à une pause fiscale qui sera effective en 2015*[15]. » Ce faisant, il a donné l'impression de repousser l'échéance à 2015, alors qu'il s'agissait juste de précisions. Le ministre des Finances, Pierre Moscovici, a été contraint de jouer les pompiers en affirmant qu'il n'y avait aucune contradiction avec une synthèse de nos propos : «*La pause fiscale elle a lieu maintenant, elle commence maintenant, elle se poursuivra en 2015.*»

Ces errements médiatiques ont donné l'impression d'une improvisation, d'une impréparation. De fait, il faut reconnaître que l'ampleur de ces hausses d'impôt n'était pas inscrite dans mon programme. Nous avons sans doute pêché par manque d'anticipation. On m'a beaucoup reproché l'abrogation de la TVA sociale de Sarkozy et, avec le recul, j'admets une faute. Si c'était à refaire, *j'aurais gardé l'augmentation de la TVA décidée par Nicolas Sarkozy pour boucler le budget qu'il nous avait laissé. J'aurais fait le crédit d'impôt compétitivité emploi (CICE) pour les entreprises et j'aurais évité les hausses dans les budgets suivants*[16]. Quand vous regardez dans quel état la droite a laissé le pays, vous comprenez qu'il a fallu prendre des initiatives en faveur de la compétitivité.

Bien sûr, j'ai aussi conscience d'avoir raté des marches au regard de mes promesses de campagne. Mais il faut savoir renoncer quand le chemin est impraticable. Regardez mon engagement sur la réforme fiscale, avec une fusion de l'impôt sur le revenu et de la CSG. J'ai été contraint de reculer devant les avis des experts me détaillant les nombreuses difficultés techniques d'une telle fusion. Un rapport de l'administration prévenait que les bénéfices d'une telle réforme seraient vite noyés par les inconvénients. J'ai donc préféré renoncer. Mais nous avons malgré tout effectué plusieurs réformes fiscales d'ampleur, notamment la suppression de la première tranche d'impôt sur le revenu et la généralisation du prélèvement à la source en 2018 – une véritable révolution qui rendra l'impôt plus simple et plus lisible pour tous les Français.

Cour de récréation

La France est sortie profondément divisée de cinq années de sarkozysme et j'ai souhaité l'apaiser et la rassurer en arrivant au pouvoir. Mais j'aurais pu commencer par un rassemblement plus large ouvert à tous ceux qui m'avaient soutenu après le premier tour. Dominique Lefebvre me le disait encore récemment : « *Mélenchon ne serait pas venu, mais Bayrou peut-être.* » La composition d'une majorité avec les écologistes et les radicaux de gauche me semblait déjà d'un équilibre précaire, mais j'aurais sans doute pu faire encore plus. Pour tout dire, j'avais le souvenir de l'ouverture sarkozyste, dénoncée dans nos rangs comme une manœuvre politicienne et critiquée par les responsables de droite qui se sentaient floués. J'imagine que beaucoup, au sein de mon camp, auraient eu à peu près la même réaction, mais une coalition au-delà des alliés traditionnels du PS aurait peut-être évité d'autres soucis.

J'ai souffert à plusieurs reprises d'une majorité parlementaire trop étroite et le phénomène n'a fait que s'aggraver au fil du quinquennat. Les élections législatives de 2012 ont pourtant installé une majorité confortable et absolue à l'Assemblée, avec 295 députés socialistes sur 577. Mais, de législatives partielles en désaccords politiques, ce bloc s'est progressivement effrité. Le point d'orgue de la division est survenu avec le débat sur la loi travail, où certaines réunions de groupe du Parti socialiste ont tourné au pugilat, entre insultes, menaces et règlements de compte.

Tout vient de ces fameux « frondeurs ». Ils se sont manifestés très tôt dans le quinquennat, dès le vote sur le traité budgétaire européen à l'automne 2012, où une vingtaine de voix ont manqué à l'appel. Ils me reprochaient alors le vote d'un texte dont j'avais annoncé la renégociation pendant la campagne. J'assume ce choix, même s'il m'a coupé d'une partie de ma majorité. *J'ai accepté le traité pour situer la France au cœur de l'Europe et non en marge.* Une opposition frontale avec Angela Merkel n'aurait pas permis d'obtenir des marges de manœuvre supplémentaire et aurait *créé une déstabilisation dans la zone euro, j'aurais suscité une marginalisation de la France*[17]. Il ne faut pas oublier ce que j'ai obtenu en contrepartie du traité : un pacte pour la croissance et l'emploi de 120 milliards d'euros.

La posture d'opposition systématique de ces députés a parfois brouillé notre message politique. « *Nos amis frondeurs nous auront pollué le quinquennat en rendant impossible le service après-vente des avancées sociales et des engagements tenus du président* », s'agace Dominique Lefebvre, qui les a cotoyés pendant cinq ans à l'Assemblée. « *Ils n'ont pas empêché grand-chose, mais ont posé un problème majeur de crédibilité, et donc fait un mal énorme. Cela donne une image de division, crée de l'incertitude et instille le doute dans la tête des gens* », me dit aussi mon secrétaire d'État aux Relations avec le Parlement, Jean-Marie Le Guen.

Je l'affirme une fois encore avec force, *il n'y a pas d'alternative de gauche, au sens où il n'y a pas un mouvement aujourd'hui qui puisse accéder au second tour de l'élection présidentielle et conduire, sans notre appui, les destinées de la France*[18]. *Il y a une gauche de gouvernement. Celle-là, dans toute sa diversité, elle doit se rassembler. C'est son devoir ; sinon elle laissera la place à la droite ou à l'extrême droite. Et puis il y a une gauche de contestation. Elle a toujours existé. Elle conteste un système et ne pose pas réellement la question de l'exercice du pouvoir. L'expérience de Syriza en Grèce aurait pourtant pu l'éclairer. L'intransigeance de Podemos en Espagne a contribué à laisser la droite gouverner. Le pire serait, dans une Europe minée par le populisme, de considérer que gouverner c'est trahir*[19].

Reste que *je suis le produit d'une majorité fragile. La gauche est minoritaire dans le pays, elle pèse en tout 40 % dont 10 % à la gauche de la gauche et 30 % composés d'écologistes et de socialistes. Ce cœur de 30 % aurait dû être compact. Il ne l'a pas été*[20]. Si ce noyau a manqué de solidité, c'est d'abord en raison de la crise latente qui tiraille ma famille depuis des années, entre modernité et conservatisme social. Et la gauche de la gauche a choisi de rompre le dialogue. Pour Jean-Marie Le Guen, « *il y a une radicalisation, une quête de pureté identitaire d'une partie de la gauche, qui ne cherche absolument pas à parler au reste des*

Français». Je n'ai pas voulu tomber dans ce sectarisme. J'ai souhaité gouverner avec pragmatisme, sans me contraindre à une logique figée, à un logiciel de gauche qui paraît parfois dépassé. J'ai été élu par 52 % des Français mais pour représenter l'ensemble du pays, et comme je l'avais clairement promis lors du débat de l'entre-deux-tours, *moi président,* je n'ai pas été *le chef de la majorité.*

Le manque de cohésion de mes troupes a parfois entravé mon action et m'a fait perdre du temps. Prenez par exemple la réforme du non-cumul des mandats pour les parlementaires, un engagement inscrit en toutes lettres dans mon programme. Il a fallu un temps et une énergie incroyables pour l'imposer, non seulement à cause des réticences classiques de la droite, mais aussi de l'opposition farouche d'un certain nombre de socialistes. Pour commencer, à peine la moitié de nos parlementaires ont accepté de montrer l'exemple en s'y conformant dès le début du quinquennat[21], comme nous le leur avions demandé avec Martine Aubry. Ensuite, lors de l'examen parlementaire de la loi sur le cumul, mon ami François Rebsamen a malheureusement entraîné ses troupes au Sénat dans la fronde, nous contraignant à repousser son application à 2017 plutôt que 2014, comme je l'avais promis initialement. Il est dommageable que des socialistes ne montrent pas la voie sur de telles réformes qui vont dans le sens d'une modernisation de notre vie politique.

Désunion nationale

Si le régime présidentiel de la Vᵉ République vous donne les armes pour changer des choses, vous n'êtes pas pour autant omnipotent. La fragilité de la majorité m'a empêché de mener à bien toute une série de réformes constitutionnelles que j'avais inscrites dans mes 60 engagements.

«*Il fallait tenter un vote du Congrès, même si le compte n'y était pas,* me reprochera plus tard Cécile Duflot. *Les gens nous auraient moins reproché d'avoir perdu un vote au Congrès que de ne même pas avoir essayé ».* Je me suis posé la question, mais je n'ai pas voulu établir ce constat d'échec. « *C'était prendre le risque de déstructurer la société française* », comme me l'a dit Didier Guillaume. Et le pays a besoin d'unité.

En revanche j'aurais peut-être pu davantage m'expliquer sur cette question, comme me le suggère l'ancien sénateur PS Yves Krattinger. « *Il fallait dire qu'il était "pour" au fond de lui, mais qu'il n'aurait mathématiquement pas de majorité, que ça serait certainement une perte de temps et d'argent de faire tout le processus pour échouer. Il fallait déclarer : "Je n'ai pas changé d'avis, mais je vais vous l'expliquer humblement : je ne peux pas." Les gens comprennent ça.* »

Dans un esprit de rassemblement, j'ai effectué une dernière tentative de réforme constitutionnelle après les attentats de novembre 2015. Mais le débat s'est crispé autour de la déchéance de nationalité, une séquence incontestablement ratée. Après le drame de novembre, j'ai ressenti le besoin d'une mesure symbolique à même de rassembler toute la classe politique. *Je l'ai proposée parce qu'à un moment, c'était très important d'avoir cette unité*[22]. J'ai décidé de renoncer à partir du moment où l'unité a été sacrifiée au nom de quelques calculs politiciens. La droite a raté l'occasion de permettre au pays de se rassembler au moment où il en avait le plus besoin. Je maintiens *qu'une partie de l'opposition est hostile à toute révision constitutionnelle. Je déplore profondément cette attitude*[23].

Il restait l'arme du référendum, réclamé par certains de mes amis pour faire sauter le verrou du Congrès. Mais, depuis longtemps, il est connu que les Français ne répondent pas aux questions posées.

Certaines réformes, aussi justes et nécessaires qu'elles paraissent, restent encore trop clivantes. Prenez le droit de vote des étrangers, promesse emblématique de la gauche depuis

Mitterrand. Comme l'a justement fait remarquer Manuel Valls, « *Si vous voulez faire un référendum pour changer cela, je vous donne le résultat, c'est-à-dire massivement contre, et en plus nous allons exacerber les tensions autour de cette question*[24] ». Nul n'est parfait et l'on doit parfois savoir repousser ses promesses, quand les conditions ne sont pas réunies pour engager les réformes. Il faut sentir les zones de compromis de la société.

Il faut aussi savoir tourner la page, comme le conseille Didier Guillaume : « *Soit on peut faire les choses et on y va, soit on ne peut pas et on ne s'acharne pas. Je préfère fermer les clapets, ressortir d'autres programmes, d'autres idées…* » Je pense effectivement qu'il ne faut pas rester arc-bouté sur son programme électoral. Le pays bouge et il faut apprendre à suivre sa respiration, ses palpitations. « *Les engagements de campagne sont une trame, une base. On est au-delà une fois au pouvoir, on fait d'autres choses qui sont absentes des programmes* », ajoute-t-il. Je n'irais toutefois pas jusqu'à dire, comme lui, que « *les programmes d'engagements sont décalés par rapport au contexte politique et à la réalité du monde* », même si tout homme d'État doit s'adapter aux événements et aux imprévus.

Attention, les 60 engagements n'ont pas été jetés dans la corbeille à papier de mon bureau à l'Élysée. De nombreux dossiers ont avancé. Prenez la réforme bancaire ou l'alignement de la taxation des revenus du capital sur les revenus du travail : il a fallu trouver des compromis, cela ne va peut-être pas assez loin pour certains, mais ce sont des progrès. « *Il faut assumer de ne pas pouvoir tout réaliser. Il faut accepter l'évolution des circonstances qui nécessite de prendre d'autres engagements, de corriger ceux qui ont été pris* », me rassurait récemment l'un de mes conseillers.

Un pays à redresser

Une bonne fois pour toutes, tordons le cou à cette idée selon laquelle je me serais converti à la politique de l'offre au cours de mon mandat. Cette orientation figure depuis longtemps dans le corpus du Parti socialiste, je n'ai rien inventé. « *Un document de 2011 sur la politique industrielle*[25]*prenait acte d'une énorme erreur du PS à la fin des années 1990, qui avait tout axé sur l'économie de la connaissance et du service* », rappelle ainsi Marylise Lebranchu à qui veut l'entendre.

Certes, je ne suis pas allé aussi loin dans le discours pendant la campagne. Il me fallait trouver un équilibre entre le respect de mon camp, le PS, et les intérêts de tous les Français. Mais, en tant que président, je ne suis plus dans le compromis. *J'ai pris des décisions extrêmement difficiles dès l'été 2012.* J'assume le fait d'être un réformateur et j'ai *engagé des réformes qui ne sont pas toutes de gauche*, mais qui *servent l'intérêt général*[27]. La France avait besoin d'évoluer pour retrouver sa compétitivité, pour lutter contre son déficit structurel et endiguer le fléau du chômage. « *Le rapport Gallois a permis de dire qu'il fallait faire quelque chose. Puis est venu le pacte de compétitivité, avant l'accélération et l'amplification grâce au pacte de responsabilité. Et on voit aujourd'hui que les entreprises reconstituent leurs marges* », détaille ainsi Nicole Bricq. Je ne saurais dire mieux.

Je peux comprendre les doutes qui ont émergé quand j'ai pris la décision d'accélérer sur le pacte de responsabilité. En accord avec les représentants des entreprises, il s'agissait de créer un million d'emplois grâce à une baisse du coût du travail, une diminution des charges des entreprises et une baisse des dépenses publiques, une simplification des démarches administratives et un allégement des frais à l'embauche. Mais je regrette que les patrons n'aient pas suffisamment joué le jeu. « *Ce qui peut nous être reproché, c'est qu'il n'y ait pas de contrôle sur l'utilisation des fonds versés en crédit d'impôt, alors même que des patrons de grandes entreprises m'ont dit qu'ils avaient préparé des bilans, que personne ne leur a jamais demandés»*, m'a fait remarquer Marylise Lebranchu, comme beaucoup d'autres. Effectivement, le compte n'y est pas, même si le pacte a permis de redonner de l'air aux entreprises éreintées par la crise.

Reste une réforme qui a particulièrement heurté ma majorité : la loi travail. Après les premiers résultats encourageants, j'ai jugé nécessaire de passer à la vitesse supérieure. « *C'est une bonne loi, qui arrive au bon moment. Quand la croissance potentielle rejoint la croissance réelle, c'est le bon moment pour faire des réformes structurelles comme la négociation collective*, analyse très justement Nicole Bricq. *Ensuite, c'est un changement de paradigme pour beaucoup de socialistes.* »

J'ai conscience des réticences provoquées par la primauté de l'accord d'entreprise sur l'accord de branche. J'assume cette évolution, absente de mon programme. La loi travail a été amendée et améliorée par la négociation avec les partenaires sociaux et par le travail des parlementaires. Le verrou que nous avons mis en place sur cette inversion de la hiérarchie des normes me paraît sérieux : *seuls les syndicats représentant la majorité des salariés peuvent en prendre la responsabilité. Le travail du dimanche, déjà, avait été vécu par certains comme une transgression, mais les accords qui sont signés depuis le vote de la loi Macron permettent à des salariés d'être payés jusqu'à deux fois ou trois fois plus ce jour-là. La conception que j'ai du progrès, ce n'est pas de figer des acquis mais de donner des droits et des libertés supplémentaires aux salariés*[26] ! Nous avons aussi réglé les problèmes sur des sujets sensibles comme la barémisation prud'homale ou l'assouplissement des licenciements économiques. « *Objectivement, la dernière mouture de la loi travail, après les 400 amendements du camarade Sirugue*[28], *elle est votable par toute la gauche. On arrive à une situation où cette loi est bonne. Elle est de gauche* », défend Didier Guillaume.

Avec la loi travail, je n'ai donc *manqué à aucun de mes principes. Cette loi va permettre de donner au syndicalisme des moyens qu'il n'a jamais eus dans notre pays. Ce texte, c'est en réalité la prolongation des lois Auroux*[29] *et de la première loi Aubry*[30], *qui avait fait de l'entreprise un lieu de négociation pour l'organisation du travail.*

Mes adversaires politiques n'ont jamais hésité à me caricaturer. L'opposition m'a beaucoup reproché de ne pas en rester à mes promesses et d'engager des réformes qu'elle n'avait pas eu le courage de mettre en place. « *François Hollande et Manuel Valls sont piégés car ils n'ont jamais parlé de cette réforme du travail durant la campagne de 2012, et n'ont donc pas de mandat pour faire adopter ce texte* », a notamment osé Nicolas Sarkozy.

Je suis très surpris qu'un ancien président de la République, que d'anciens Premiers ministres puissent dire "il n'avait pas tout dit, a-t-il même la légitimité de tout faire ?". Oui, mon rôle, c'est d'agir, c'est de bouger[31], et la loi travail permettra à la France d'avancer.

Un monde de crises

Je le répète, il est indispensable de ne pas rester figé sur ses promesses de campagne. *La crise des réfugiés, c'était prévu dans le programme ? La guerre au Mali, c'était prévu ? Ce qui s'est passé en République centrafricaine ? Le fait que nous ayons des actes de terrorisme de cette gravité ? Quand j'ai pris les décisions au lendemain des attentats, ce n'était pas par rapport à un programme*[32]. Après janvier et novembre 2015 à Paris, après Nice en juillet 2016, la France ne pouvait pas faire comme s'il ne s'était rien passé. Nous avons été obligés de tout faire pour protéger nos concitoyens, lutter contre le terrorisme, renforcer la coopération avec nos partenaires européens. J'ai jugé nécessaire de donner davantage de moyens à la police et à la justice, de recourir à l'état d'urgence et d'intensifier la guerre sur le terrain contre Daech. De ces mois tragiques, la France sort plus forte, mieux armée pour relever les défis posés par la sécurité dans les années à venir. La loi relative au renseignement a renforcé les moyens juridiques de nos services et le travail de la commission parlementaire d'enquête sur les attentats de 2015 devrait permettre d'améliorer le fonctionnement et la coordination de nos structures.

Le traumatisme du 13 novembre – cette jeunesse fauchée en pleine rue, fusillée à la terrasse d'un café, abattue dans une salle de concert – a laissé des traces au plus profond de chacun. *Une épreuve comme celle-là change également celui qui, au plus haut niveau de l'État, a dû l'affronter*[33]. Mon seul souci dans les heures qui ont suivi aura été de garder la nation unie, de faire front pour éviter aux terroristes d'atteindre leur but : instiller le poison du doute et de la division dans la société. Je n'ai pas plié le genou et j'en suis fier. *La France n'a pas cédé. Malgré les larmes, elle s'est tenue debout. Face à la haine, elle a montré la force de ses valeurs. Celles de la République*[34]. Nous n'en avons pas terminé avec le terrorisme, mais j'ai tout fait pour nous permettre de tenir bon. Je pense avoir été à la hauteur de ma promesse de campagne de rester très vigilant dans l'action contre le terrorisme[35], tout en restant fidèle à l'État de droit – sans tomber dans le piège vers lequel les responsables de droite sont invariablement attirés.

L'histoire du temps présent a la mémoire courte, mais il ne faut pas non plus oublier l'importance de l'intervention au Mali. Au moment où je prends la décision de répondre à l'appel du président malien et d'intervenir militairement, en janvier 2013, la menace est imminente. *Si ce choix n'avait pas été fait, il serait trop tard. Le Mali aurait été conquis entièrement, et les terroristes seraient aujourd'hui en situation de force*[36]. Des spécialistes affirmeront plus tard que nous avons légèrement forcé le trait[37], mais nous avons ainsi montré notre détermination face aux djihadistes et il paraît difficile de me reprocher d'avoir agi. Certains, comme Jean-Luc Mélenchon ou Noël Mamère, ont critiqué une intervention solitaire sans mandat de l'ONU. Certes, je m'étais engagé à ne pas intervenir seul, mais nous avons répondu dans l'urgence à l'appel à l'aide du Mali et l'article 51 de la Charte des Nations unies reconnaît le *« droit naturel de légitime défense »* d'un État.

Il ne faut pas croire qu'une telle décision est facile à prendre. En engageant nos forces armées, je savais bien que la vie de nos militaires serait en jeu. Nous avons perdu 17 soldats[38] dans cette guerre et je tiens à saluer leur mémoire, à rendre hommage à ces hommes de devoir, morts pour défendre un idéal de liberté. *Ils savaient pour quoi ils se battaient : contre le fanatisme, contre l'obscurantisme. Ils connaissaient la difficulté de leur mission, mais ils savaient aussi la grandeur de leur cause, assurer la sécurité d'un pays ami, le Mali, qui était pour un temps occupé par des hordes islamistes.* Pour éviter que ces pertes se prolongent, j'ai souhaité un retrait progressif de nos troupes, mais j'ai montré trop d'optimisme dans le calendrier. La stabilité de la région a nécessité le maintien de troupes au sol pour un temps plus long que prévu[39].

Je veux aussi *saluer l'opération Sangaris sans laquelle la République centrafricaine serait aujourd'hui un champ de ruines*[40]. Début décembre 2013, l'intensification des affrontements entre les milices anti-balaka et la Seleka m'a poussé à envoyer 1 600 soldats sur le terrain. *Une catastrophe de grande ampleur était redoutée, il y avait déjà des exactions et des violences. Il pouvait y avoir un risque génocidaire, j'avais forcément à l'esprit ce qui s'était produit au Rwanda.* Je ne regrette pas cette décision : *qu'aurait-on dit de la France si elle n'avait rien fait ? On aurait compté les morts, non par dizaines, non par centaines, mais pas milliers.* La complexité de la situation nous contraints à envoyer plus de groupes et à les maintenir sur place plus longtemps qu'annoncé[41]. Mais nos armées ont réalisé *un travail remarquable. Grâce à elles et grâce aux Nations unies, des massacres ont pu être évités, la sécurité a pu être rétablie et des élections ont pu se tenir de manière transparente et pluraliste.* J'ai donc décidé de mettre fin à l'opération à compter du mois d'octobre 2016. Mon regret restera peut-être de ne pas avoir réussi à entraîner une réelle implication de nos partenaires européens, notamment au niveau du financement[42]. Cette crise était l'occasion de mettre en place un fonds européen permanent pour les opérations d'urgence, mais je me suis heurté au refus Royaume-Uni.

Peu de temps après, le peuple britannique a décidé de refermer la porte du projet européen. Le résultat du référendum sur le «Brexit», en juin 2016, ne souffre d'aucune contestation et il faut respecter le verdict des urnes. Mais nous pouvons profiter de cette alarme pour changer les choses. Depuis trop d'années, l'Union avance de crise en crise, sans prendre les décisions nécessaires pour redonner du sens à la construction européenne. J'ai tenté d'agir pour réorienter l'Union européenne, mais nous devons encore aller plus loin. *L'Europe ne peut plus faire comme avant. L'Histoire nous juge. Soyons à la hauteur[43].*

L'épisode grec nous avait déjà alertés, avec une âpre et longue négociation afin de trouver une solution convenable permettant d'éviter la faillite et le «Grexit». Le Premier ministre Alexis Tsipras a pu donner l'impression de céder devant les exigences des créanciers, mais je considère que le gouvernement grec s'est montré responsable. Je suis fier d'avoir contribué au succès de cet accord, qui a permis de sauvegarder le projet européen. *Heureusement que la France a pu mettre tout son poids pour maintenir la Grèce dans la zone euro, alors qu'une partie de la droite nous demandait ici de l'écarter[44].*

Quand je regarde mon bilan sur la scène européenne, je n'ai pas à rougir. *Heureusement que la France a eu le poids politique pour éviter qu'en 2012 l'Europe amplifie encore l'austérité qui avait été instaurée deux ans plus tôt. Heureusement aussi que la France a pu imposer l'union bancaire malgré les réticences allemandes et qu'elle a pu encourager une politique monétaire plus accommodante à l'initiative de la Banque centrale*[45].

Mon mandat aura enfin été marqué par le drame humain de la crise des réfugiés. Les conflits qui secouent de nombreuses parties du monde, notamment la Syrie, ont jeté sur les routes des millions de personnes. Personne ne pouvait prévoir l'ampleur de cette tragédie. J'ai été critiqué sur ma gauche pour ne pas avoir fait assez, mais je maintiens que j'ai mené une politique juste, généreuse, et responsable – et ce n'est pas une plaisanterie[46].

Je n'ai pas accueilli un million de réfugiés comme Angela Merkel, tout simplement car peu de migrants ont fait une demande pour venir dans notre pays. Mais j'ai fait en sorte que la France se montre solidaire dès le début de mon mandat. Nous avons d'abord pris des mesures pour faciliter l'accueil des réfugiés syriens, en accélérant notamment l'étude des demandes d'asile. Résultat, en 2015, 97 %[47] des demandeurs d'asile syriens se sont vu octroyer une protection, et plus de 10 000 ont obtenu le statut de réfugié depuis le début de la guerre civile en 2011. J'ai également initié, en septembre 2015, l'accueil de 24 000 réfugiés supplémentaires sur deux ans.

Au-delà de cette solidarité nécessaire, il nous fallait trouver un accord sur la durée. *Les Allemands ont agi dans l'urgence avec humanité, nous avons salué leur geste. Mais ce n'était pas tenable à moyen terme. Nous devions rétablir l'effectivité de Schengen et reprendre le contrôle de nos frontières en mettant des moyens supplémentaires, notamment des garde-côtes. L'accord avec la Turquie du 18 mars 2016*[48] *a permis de trouver un début de réponse. Mais la solution pérenne c'est Schengen et son renforcement*[49]. Tout au long de mon mandat, je suis resté fidèle à mes convictions. L'immigration est une chance, mais *il ne faut rien ignorer des tensions, notamment être ferme sur l'immigration clandestine, et agir pour intégrer l'immigration régulière*[50].

Lenteur d'État

Cinq ans. Pour réformer un pays en profondeur, c'est si court. J'ai toujours été favorable au passage du septennat au quinquennat, mais la lenteur de la décision pénalise nos institutions. Plus que la tenue ou non d'un engagement, ce qui importe aux gens, c'est que votre action se traduise rapidement par une prise sur le réel, par des résultats sur leur vie quotidienne.

Je me suis plaint à plusieurs reprises en conseil des ministres du manque de célérité des réformes, sur la réforme du logement ou le CICE par exemple, car je savais qu'il y avait un risque d'impatience de la part des Français. J'avais annoncé le changement maintenant et je souhaitais aller vite. Mais, comme le dit mon ancienne ministre Nicole Bricq, «*il y a un temps d'inertie qu'on n'avait pas bien anticipé*».

Comment comprendre qu'une fois un projet présenté en conseil des ministres, il faille attendre cinq mois, parfois sept, pour que le texte soit définitivement adopté par le Parlement ? C'est d'autant plus insupportable dans une société où tout va vite. Quand le temps est aussi long pour l'effectivité de la décision, la parole de l'État est en cause[51]. *J'essaie de raccourcir les délais, de simplifier les procédures, d'appliquer plus vite les réformes. Mais nous n'échapperons pas à une révision de nos procédures parlementaires et administratives. Il n'est plus acceptable qu'une loi mette plus de six mois pour être votée par le Parlement et autant pour être mise en œuvre. Si nous ne prenons pas conscience que la démocratie doit changer de rythme, c'est elle qui sera changée*[52].

« *Ce n'est plus possible qu'une décision mette deux ans à être appliquée. Le Parlement est inadapté au temps de la société. Il faut un big bang institutionnel, car tout est beaucoup trop long*», abonde mon ami Robert Zarader. C'est ce que j'ai tenté de faire avec le «choc de simplification», à partir de 2013, qui s'est traduit par plus de 300 mesures nouvelles pour faciliter la vie des particuliers et des entreprises.

D'un autre côté, on m'a parfois reproché ma méthode, le dialogue, assimilé par certains au choix du temps long. J'assume cette nécessité de la concertation. Le pays avait été brutalisé par la méthode Sarkozy et il nous fallait reconstruire la confiance grâce à l'intelligence de la concertation. *Le dialogue social n'est jamais un problème. Il n'est pas non plus la solution miracle, il est le point de passage, qui transforme les idées en projets et les projets en actes. Il n'est en rien contradictoire avec l'urgence qu'imposent certaines situations et la nécessité des réformes dont notre pays a besoin*[53].

J'assume aussi le choix du recours à l'article 49-3, car après le temps nécessaire du dialogue, il faut savoir agir. Sur les lois Macron et El Khomri, il y avait un blocage qu'il a fallu dépasser. Je ne suis d'ailleurs pas le premier réformateur à user de cette disposition constitutionnelle. Souvenons-nous de Michel Rocard pour qui le dialogue était *l'instrument nécessaire de l'accord, de la convention, du contrat au bon niveau. C'était sa manière de réformer et en même temps, pour lever les blocages, il n'a pas hésité à recourir aux procédures prévues par la Constitution. À 28 reprises, il a dû engager la responsabilité de son gouvernement pour faire adopter des textes essentiels*[54].

Tout ne peut pas se réaliser en un quinquennat. Certaines transformations demandent du temps. Regardez la transition énergétique. Nous avons fixé des objectifs à l'horizon 2025, car il faut savoir se montrer patient pour développer suffisamment d'infrastructures d'énergies renouvelables afin de réduire notre dépendance au nucléaire, sans mettre en danger notre approvisionnement en électricité et notre filière nucléaire. Le rôle du chef de l'État est d'impulser de grandes orientations, de prendre de la hauteur de vue pour raisonner sur le long terme.

J'ai ainsi tenté de m'élever au-dessus des préoccupations politiciennes. Par exemple, pour couvrir la totalité du territoire en haut débit, comme je l'avais promis, nous avons arbitré en faveur d'une solution pérenne, avec un plan assez coûteux qui donne la priorité à la fibre optique, une technologie destinée à résister plusieurs décennies. Les fonctionnaires de Bercy avaient pourtant défendu une option moins onéreuse, avec un meilleur confort immédiat, mais beaucoup moins durable, pour éviter des dépenses de court terme nuisibles à nos objectifs budgétaires.

Il y en a pourtant à droite et à gauche pour critiquer mon absence de vision à long terme. « *Quel est le cap ? Vers où François Hollande voulait amener la France ?* », interroge le député LR Franck Riester. « *Quel est le sens qui est donné à l'action politique ? Quel horizon ?* », ajoute mon ancienne ministre Cécile Duflot. « *Tu as un problème, c'est que tu es quelqu'un qui raconte le temps présent mais qui ne se projette pas du tout. Ce n'est pas ton truc* », me disait récemment l'un de mes amis. Le philosophe Marcel Gauchet me reproche de son côté de ne pas donner de perspectives, de laisser un point d'interrogation permanent en suspens : « *C'est pathologique, il y a une trouille de se lier les mains. Pourtant, on ne peut pas louvoyer autour de la ligne au gré des événements. L'important pour les gens n'est pas forcément d'être d'accord, mais de savoir quel est le cap. Dans une période anxiogène, c'est plus que jamais nécessaire.* »

J'ai peut-être raté une partie de l'explication de ma vision, mais cela ne signifie pas qu'elle n'existait pas. J'ai tenté de réformer la France pour installer les conditions du redressement. J'ai d'abord essayé de la faire bouger en douceur, avant d'accélérer en fin de mandat, quand j'ai jugé que le pays était prêt.

La grande incompréhension

Lorsque j'échange autour de moi sur les ratés de mon quinquennat, un élément revient systématiquement : le manque de récit. J'ai déjà expliqué pourquoi je n'avais pas voulu souligner à mon arrivée à quel point notre appareil productif était en mauvais état. Il aurait fallu récupérer la main par la suite afin de raconter notre politique et redonner du sens à notre action.

« *Il n'y a jamais eu de récit sur la France dans le monde, à part un récit militaire. Pas de récit économique de la France et de ses entreprises dans la mondialisation. Comme François Hollande n'a pas raconté l'histoire, il n'a pas pu le faire. Même dans les domaines intérieurs, il y a eu un manque de récit sur les chantiers menés, comme sur la jeunesse* », juge avec la franchise du véritable ami Robert Zarader. La jeunesse reste au cœur de mon ambition pour la France. J'avais répété pendant la campagne que toutes mes actions seraient tournées vers un objectif : faire en sorte que les jeunes de 2017 vivent mieux que ceux de 2012. Avec l'encadrement des loyers, les emplois d'avenir, l'élargissement des bourses universitaires, l'encadrement des stages, la caution locative étudiante, la garantie jeunes, l'accès à une contraception gratuite et accompagnée ou encore le service civique universel, nous avons fait en sorte de donner à la nouvelle génération les moyens de ses ambitions. C'est un bilan dont nous n'avons pas à rougir, mais qui ne porte pas encore dans la société.

Nous n'avons donc pas réussi à écrire le récit de cette action. « *Un tas de petits trucs ont été réalisés, mais où est le projet ? Où est la cohérence ? Les gens ne font pas le rapport entre tous ces éléments* », me reproche Marcel Gauchet. « *Quand on faisait le bilan des feuilles de route interministérielles, il y avait plein de choses qu'on avait faites. Mais ça manquait d'un portage politique*, se souvient Valérie Fourneyron. *Il faut que chez le Premier ministre, à l'Élysée, les conseillers viennent en permanence rappeler cette priorité jeunesse pour faire vivre ce récit – mais il n'a pas vécu. C'est une certitude : on n'a pas réussi à porter collectivement cette priorité.* »

Malheureusement, je crois bien ce problème ne se limite pas à cette priorité jeunesse. « *Il y a un point commun sur beaucoup de sujets pour ce gouvernement : la difficulté à communiquer sur les choses qui marchent et la propension à se faire déborder par des radicaux* », glisse l'ancien porte-parole de l'Inter-LGBT, Nicolas Gougain, que j'avais reçu lors du débat sur le mariage pour tous. Certains de mes conseillers pointent le manque d'investissement du Parti socialiste pour expliquer et défendre notre politique. D'autres, parmi mes proches, regrettent que mes ministres aient fait « *très peu de service après-vente. Il y a un vrai déficit de personnel politique capable de porter la politique, de valoriser ce qui a été fait.* » Stéphane Le Foll a bien tenté de redresser la barre à la fin du quinquennat en lançant le mouvement « Hé oh la gauche » pour défendre ma politique lors de meetings, mais je doute de son impact sur l'opinion des Français.

On peut se demander si nos engagements ne se sont pas transformés en piège. « *Le programme PS de 2011 est un catalogue où on dit "oui" à tout, sans forcément penser à la cohérence et à la faisabilité. L'absence de récit vient de là : on a un discours politique qui est le discours des mesures* », note Jean-Marie Le Guen. Nous avons effectivement peut-être trop focalisé notre communication sur cet ensemble de mesures, plutôt que de chercher un grand récit fondateur pour la France.

Dans mon entourage, certains m'ont conseillé de m'inspirer des fameuses « causeries au coin du feu » de Pierre Mendès France, qui lui ont permis d'expliquer aux Français les grandes lignes de sa politique avec un rendez-vous hebdomadaire à la radio ou, dans un autre style, de Barack Obama, qui fait en sorte d'être constamment présent auprès des Américains pour cadrer, expliquer et rassurer. C'était l'objectif de mes conférences de presse semestrielles, mais il est évident qu'elles n'ont pas atteint leur but.

Prenez mon action pour réorienter l'Europe, par exemple. Parfois, j'avais l'impression de parler dans le vide en la défendant. J'ai pourtant crée des alliances avec les pays du Sud afin de prendre des initiatives en termes de relance de l'investissement pour arrêter de raisonner seulement au niveau de la réduction des dépenses publiques. « *La Banque européenne d'investissement est devenue un instrument extrêmement important d'investissement et de développement du pays pour les collectivités locales* », note par exemple Marylise Lebranchu, qui est l'une des rares à en parler.

Il faut aussi souligner l'accélération de l'actualité et du temps médiatique, qui complique la tâche pour toute tentative de récit. Vous avez beau essayer d'expliquer votre action pour la jeunesse ou pour l'Union européenne, ce sera la petite phrase au sujet de votre vie privée qui tournera en boucle sur BFM TV ou iTélé, et les avis les plus tranchés et les moins favorables qui accueilleront, sur les plateaux, la moindre de vos annonces. « *Sous de Gaulle, sous Churchill, il n'y avait pas les réseaux sociaux, les chaînes d'info en continu. On ne peut pas incarner et dire "voilà où je vous emmène" lorsque tout est histoire d'instantanéité* », remarque à raison Didier Guillaume.

Il serait toutefois injuste de rendre les médias seuls responsables de tous les maux. Ma promesse d'inverser la courbe du chômage a clairement eu un effet de parasitage. Conseillé par Michel Sapin, j'ai choisi d'en faire la priorité de mon quinquennat, en acceptant d'être jugé avant toute chose sur cet objectif. J'ai même annoncé qu'aucune candidature ne serait possible si cet engagement n'était pas honoré. J'aurais aimé faire plus, aller plus vite, mais nous avons mis fin à l'escalade sans fin du nombre de chômeurs. *Il y a bien une reprise en France et un début d'inversion de la courbe du chômage, c'est un fait indiscutable*[55].

Mais je comprends le point de vue de ceux de mes conseillers qui y voient une erreur de communication. Cette annonce s'est peut-être révélée contre-productive par son aspect anxiogène. Alain Rousset, le président de la région Aquitaine, estime que Michel Sapin a fait beaucoup de mal à ma côte de popularité en me suggérant de tout miser sur là-dessus, car « *en politique, on peut avoir des convictions mais pas des certitudes*[56] ». « *C'est une erreur, car c'est absurde, ça n'existe pas la courbe du chômage. On comprend l'idée, mais pour les gens qui sont au chômage, ça ne veut rien dire*», enchaîne Didier Guillaume.

Mais si, ça va mieux !

L'opposition a mis beaucoup d'énergie pour tenter de faire croire à l'opinion que je n'avais tenu aucune de mes promesses. Pourtant, sur l'ensemble de mes engagements, il n'y a que très peu de chantiers qui n'ont pas été mis en œuvre[57]. Comment expliquer dès lors que je sois jugé si durement ? Il existe une insatisfaction consubstantielle à la gauche. Les électeurs de ma famille politique sont par nature plus intransigeants. *Qu'il y ait un peuple de gauche déçu, c'est sa nature, c'est son histoire. Le peuple de gauche est toujours en attente de plus, sinon il ne serait pas de gauche. Être de gauche, c'est ne pas être satisfait*[58].

Pour ne rien arranger, les socialistes sont toujours arrivés au pouvoir en période de trouble. *Jamais la gauche n'a été appelée à la direction du pays sans qu'il ait été lui-même saisi de grandes difficultés intérieures ou extérieures, et parfois par les deux. La gauche n'a jamais accédé au pouvoir par une mer de tranquillité, sous un ciel de sérénité et par temps calme et c'est parce que la nation vit des épreuves qu'elle y arrive, la gauche au pouvoir. C'est parce que face aux épreuves les autres n'y arrivent pas, qu'elle y parvient*[59].

Nos électeurs attendent une cohérence entre l'action de la gauche et les valeurs qu'elle porte : l'égalité, la solidarité, l'exemplarité, le progrès. Tout cela fait que l'opinion sera toujours plus exigeante avec un président de gauche. En arrivant au pouvoir, *j'ai fait le pari que la gauche était devenue mature, que, minoritaire, dans le pays, elle serait capable de comprendre qu'elle devait faire bloc pour gouverner : mon constat, c'est qu'une partie de la gauche ne l'admet pas*[60].

Je pourrais passer des heures à faire valoir mon action, car je pense réellement que notre bilan est bon, même s'il n'est pas toujours visible. L'accord sur le climat de la COP21, la défense du service public avec l'arrêt de la RGPP, la loi sur l'autonomie des personnes âgées, la réforme territoriale, le droit de mourir dans la dignité, la fin de la Françafrique... il existe une multitude de sujets dont on ne vante pas encore les effets, mais dont j'ai la certitude qu'on me créditera à l'avenir. *Est-ce qu'il y a un domaine depuis 2012 où les droits aient été amputés, les prestations réduites, la protection sociale entamée ? Y a-t-il une priorité – l'éducation, la culture, la santé ou autre – où l'on a fait le choix de l'austérité ? Non*[61].

Quand j'entends certains de mes opposants affirmer que je ne suis pas de gauche, je manque de tomber de mon fauteuil présidentiel. La généralisation du tiers payant prévue par la loi santé n'est-elle pas une avancée sociale ? À partir de 2017, l'ensemble des Français bénéficieront d'une dispense d'avance des frais de santé chez les médecins généralistes comme chez les spécialistes. Jusque-là, le tiers payant était appliqué par seulement un tiers des médecins – souvent ceux qui pratiquent les tarifs conventionnés.

On sous-estime aussi la portée de l'accord national interprofessionnel (ANI) sur la compétitivité et la sécurisation de l'emploi, signé en janvier 2013. Généralisation de la couverture complémentaire santé, création du compte personnel de formation, participation de représentants des salariés aux conseils d'administration, accords de mobilité interne, création des droits rechargeables pour les demandeurs d'emploi... les avancées sont nombreuses. Certains dispositifs sont encore en phase de réglage, mais le progrès est indéniable. L'ANI est aussi la preuve du succès de ma méthode de dialogue social, puisqu'il résulte d'un compromis historique entre les partenaires sociaux.

N'oublions pas le mariage et l'adoption pour tous. Cela semble maintenant évident, mais il a fallu se battre pour réussir cette réforme de société. Même dans l'opposition, il se trouve des responsables politiques pour saluer cette évolution. « *Vous vous rendez compte de ce que cela apporte comme bonheur aux gens ? Pourquoi on s'en priverait ? Pourquoi ne pas donner la possibilité aux homosexuels d'être des citoyens comme les autres ? Qui on serait pour empêcher ça ?* », résume le député Franck Riester, l'un des rares à droite à avoir eu le courage de voter la loi.

Au bout du compte, je suis fier de ce bilan et il me donne le droit de me poser la question d'une nouvelle candidature. Les mois à venir vont se révéler décisifs. Il va falloir que le redressement se confirme, comme l'inversion de la courbe du chômage. L'opposition va rentrer en campagne et dévoiler ses cartes. Les Français vont enfin s'apercevoir qu'il y a une vraie différence entre la droite et la gauche. « *Cette élection présidentielle n'est pas perdue* », me rassure souvent Didier Guillaume, membre actif du mouvement « Hé oh la gauche ». Mais les résultats ne suffisent pas en politique, sinon Lionel Jospin aurait été élu président de la République en 2002. Pour envisager une victoire en 2017, il me faut à tout prix retisser le lien avec le peuple français.

Conclusion

« Nous, observateurs du quinquennat »

Alors ? Le président François Hollande a-t-il tenu ses promesses, oui ou non ? Lorsque nous avons commencé à suivre son action à la lueur de ses engagements de campagne, en 2012, nous pensions pouvoir nous prononcer de manière assurée dans un sens ou dans l'autre. Mais, à mesure de l'avancée du quinquennat, il est devenu de plus en plus difficile de se faire une opinion tranchée sur sa fidélité ou non à sa campagne, même en suivant au quotidien la réalisation de son programme.

Les polémiques et les incantations occultaient l'évaluation objective des faits. Les priorités interchangeables se chassaient l'une l'autre. Les orientations *a priori* claires et limpides – plus d'égalité, plus de justice, moins de division, plus d'exemplarité – se heurtaient à une réalité complexe faite de chiffres, de compromis, de gagnants et de perdants.

Au-delà des faits eux-mêmes, l'évaluation que chaque Français fait du bilan de François Hollande dépend de sa personnalité et de ses aspirations propres. Il y en a pour se réjouir du mariage pour tous ou des recrutements massifs d'enseignants. Ceux qui attendaient la réforme fiscale, le droit de vote des étrangers ou un big bang anti-austérité en Europe ruminent leur déception. Sans parler de la moitié des électeurs qui n'ont pas voté pour lui, qui se positionnent davantage sur le plan des résultats que des promesses. Le bilan comptable sec du quinquennat – environ un tiers de promesses tenues, un tiers de reniements et un tiers de chantiers partiellement aboutis – était bien impuissant à embrasser la complexité de l'action d'un président engagé sur tous les fronts pendant cinq ans.

Dans cet ouvrage, les différents narrateurs qui se sont succédé ont chacun exprimé leur point de vue sur le bilan de François Hollande et sur l'importance qu'ils attachaient aux promesses en politique. Nous-mêmes nous sommes astreints à ne pas juger le bien-fondé de telle ou telle mesure, de tel ou tel abandon. À ne pas imposer notre hiérarchie entre les succès dérisoires et les échecs retentissants, entre les réussites déterminantes et les reniements symboliques.

Nous avons estimé qu'il n'était pas de notre rôle de vous livrer notre opinion. Nous avons tenté de rassembler ce qui est épars dans le temps et l'espace pour en faire germer le sens, sans (trop) nous laisser entraîner par le tourbillon des polémiques et des postures politiciennes qui brouillent la lisibilité de la réalité publique. Nous avons voulu donner à chacun les clefs pour construire son opinion sur François Hollande – et plus généralement, sur un système politique malade de ses promesses.

L'intransigeance du citoyen

Les Français attendent beaucoup de celui ou celle qu'ils élisent président. Il doit être franc et efficace, ferme mais attentif, dynamique sans être brutal, intelligent mais pas élitiste, populaire sans être trop normal, malin mais pas calculateur. Il doit même porter en toutes circonstances sa cravate droite voire, si possible, éviter de «ridiculiser la fonction» en prononçant des discours sous la pluie.

L'exigence des citoyens français à l'égard du premier d'entre eux est bien logique. Elle est à la hauteur des pouvoirs qu'ils placent entre ses mains. Mais, on le constate tous les jours, elle finit souvent par être surhumaine, et parfois caricaturale.

Si éloigné de nous, le chef de l'État apparaît souvent comme le meilleur défouloir à toutes nos frustrations et déceptions.

Lorsque nous avons commencé à écrire sur la réalisation – ou non – des promesses de François Hollande[1], nous avons rapidement constaté que le nombre de lecteurs consultant des articles plutôt positifs pour le président était bien moindre que l'audience des articles plus négatifs, déroulant les reniements ou les retards du gouvernement sur tel ou tel sujet. Ce phénomène s'explique certainement par la mobilisation des puissants relais numériques de l'opposition, de droite comme de gauche, qui ne manquaient pas une occasion de donner une caisse de résonance aux critiques sur le pouvoir socialiste.

Mais n'est-ce pas aussi que, comme les journalistes parlent plus souvent des catastrophes que des bonnes nouvelles, les citoyens préfèrent entendre des discours qui critiquent leurs élus ? Ils viennent confirmer des *a priori* solidement ancrés sur le peu de valeur de la classe politique, ou la conviction que les responsables publics ne sont pas là pour défendre nos intérêts, et encore moins l'intérêt général. *« La paresse intellectuelle peut conduire à penser que de toute façon les hommes politiques ne respectent jamais leurs promesses, alors que quand on va dans le détail, c'est quand même évidemment éminemment plus complexe »*, acquiesce-t-on à l'Élysée.

Ce constat, qui repose sur une simple observation empirique, est probablement entaché de multiples biais. Qui lit la presse ? Qui lit la presse en ligne ? Qui lit la presse en ligne politique ? Qui lit la presse en ligne politique et lui donne une visibilité auprès de sa communauté ? Pour autant, il est étayé par bien d'autres observations, par les sondages d'opinion et, en un sens, par le niveau de l'abstention électorale.

Le confort paradoxal que nous apporte l'idée de l'échec des politiques altère notre perception de l'action publique. On peut facilement trouver, sur la plupart de nos élus, de quoi monter un dossier d'accusation pour trahison. Mais nous prêtons-nous aussi volontiers au même exercice pour les défendre ?

Médias déformants

« *Pour que les Français soient plus citoyens et plus matures, il y a une grande part de responsabilité dans le monde médiatique. Je peux faire de la télé tous les jours si je dis des conneries. Mais dire des choses intelligentes, ça ne fait pas d'audience.* » La charge assénée par le président de l'UDI, Jean-Christophe Lagarde, bien qu'assez classique, ne doit pas être prise à la légère : les médias portent certainement une part de responsabilité dans les biais de perception de l'action politique par les Français, entretenant une désespérance néfaste pour la démocratie.

Il n'aura échappé à personne que la couverture de l'actualité politique fait la part belle à la « course de petits chevaux » entre une poignée de « présidentiables » agrémentés de « porte-flingues » habitués des petites phrases assassines, au détriment du fond des sujets sur lesquels ils s'affrontent. Le premier sondage sur l'élection présidentielle de 2017 a été réalisé en octobre 2012[2] !

Bien sûr, il arrive que les deux visages de la politique convergent lorsqu'émergent de grands débats idéologiques, comme le pacte de responsabilité, la déchéance de nationalité, la crise des migrants ou la loi travail. Malheureusement, il est rare d'entendre les responsables politiques s'attarder vraiment sur les détails d'une politique publique, que ce soit pour l'expliquer ou la critiquer, dans les grands médias généralistes. La responsabilité en revient peut-être à l'organisation de ces médias qui distinguent généralement d'un côté leur service politique, chargé de suivre les moindres faits et gestes de chacune des grandes formations politiques et de leur permettre de s'exprimer, et de l'autre des journalistes spécialisés sur les différentes thématiques de politique publique (environnement, logement, économie, etc.). Cette étanchéité explique pourquoi il est extrêmement difficile pour les médias de rendre compte efficacement du travail des élus. Comment pourrait-on, en outre, reprocher à l'intervieweur star d'une matinale radio de grande écoute de ne pas maîtriser sur le bout des doigts tous les dossiers pour mettre un ministre face à ses responsabilités et exercer un droit de suite sur ses annonces et ses promesses ?

L'autre problème, plus connu, est le bouleversement entraîné par l'immédiateté médiatique, avec la multiplication des médias en continu. La pression du « breaking news » tend à donner la primeur aux actualités chaudes, périssables, qui se chassent l'une l'autre, devant les grands débats de fond. Il reste bien sûr des émissions qui laissent le temps aux responsables politiques d'exprimer une vision, à des intervieweurs bien préparés de les « cuisiner ». Mais, même dans ces émissions, une large partie du temps est consacrée à du commentaire de l'actualité plutôt qu'à des questions sur « le fond ».

Pour le philosophe Marcel Gauchet, l'hypermédiatisation a inauguré un « *nouveau contexte de l'action politique* » dont nos représentants sont à peine en train d'essuyer les plâtres : « *Ils sont totalement suspendus aux médias parce qu'ils n'ont plus aucun autre relais, comme les partis politiques auparavant. À la remorque du temps médiatique, ils sont toujours dans la réaction, et incapables de marquer leur temporalité propre – ce qui donne aux gens l'impression qu'ils ne sont pas dans l'action.* »

Pour s'autoalimenter, cette logique doit se nourrir de « bons clients », ces intervenants politiques disponibles à toute heure pour venir parler de n'importe quelle actualité sur n'importe quelle antenne. Elle met le plus souvent en lumière les députés et les ministres les plus forts en gueule, jamais avares d'un bon mot, mais plus rarement les bûcheurs, qui travaillent dur, mais discrètement, sur leurs thématiques de prédilection – d'autant plus quand cette thématique n'est pas porteuse médiatiquement. Combien de Français seraient capables de détailler le bilan de

Thierry Mandon, successivement chargé au sein du gouvernement de la Réforme de l'État et de l'Enseignement supérieur, ou d'Axelle Lemaire, secrétaire d'État au Numérique ?

Ce phénomène alimente le sentiment d'ingratitude que décrivent les responsables publics sous-exposés, qui estiment que leur travail n'est pas mis en lumière comme il le devrait. Mais il occulte également des « angles morts » de la vie politique, comme les institutions européennes ou le lobbying des groupes d'intérêts auprès des ministères « secondaires », dont le traitement médiatique est insuffisant pour rendre vraiment transparents tous les ressorts de l'action politique.

Contradictions et illusions

Reste qu'au-delà même de ce problème de perception de la réalité, notre jugement du bilan d'un président est largement influencé par nos propres attentes. L'ancien sénateur socialiste Yves Krattinger en a fait depuis longtemps le constat : « *La plupart des gens ne regardent pas point par point les promesses tenues, mais le climat global. Ils se demandent : "est-ce que ça va mieux ou ça va moins bien, pour moi et pour la société, depuis qu'il est là ? Comment s'est-il comporté ?". Ce n'est pas parce que vous avez coché toutes les cases du programme que les gens sont contents.* » Le militant socialiste Alain Camillieri le dit plus crûment : « *Globalement, vous pouvez saouler les gens avec la politique européenne, mais ce qui compte c'est la situation économique personnelle : ils ne croiront que le chômage a régressé que quand le voisin aura retrouvé un emploi* ».

« *La seule chose qui compte, ce n'est pas ce que dit la presse, mais ce que ressentent les gens,* abonde-t-on à l'Élysée. *Est-ce que je peux me marier avec quelqu'un de mon sexe ou pas, les impôts augmentent-ils ou ont-ils baissé, est-ce que je suis obligé de payer ou pas quand je suis chez le médecin... c'est ça le réel.* »

Conclusion

C'est une évidence qu'on ne doit pas sous-estimer : les résultats comptent bien davantage que les moyens déployés par les politiques pour y parvenir. Qui se soucierait vraiment que François Hollande ait abandonné le contrat de génération s'il était parvenu à faire baisser conjointement le chômage des jeunes et des seniors par une autre méthode ?

Il ne faudrait pas pour autant s'enfermer dans le piège d'une politique jugée seulement à l'aune des indicateurs économiques, comme le souligne l'ancien président des Jeunes socialistes, Thierry Marchal-Beck : « *S'il suffisait de s'appuyer sur quelques indicateurs, comme la réduction des déficits ou l'équilibre des comptes de la "Sécu", pour juger qu'une politique est bonne ou mauvaise, ce serait simple. Mais tout ne se résume pas aux indicateurs matériels : on peut vivre dans une société où ils sont bons, mais où les inégalités et les discriminations sont en progression et les libertés publiques menacées.* »

La blessure profonde qu'a laissée à gauche le débat sur la déchéance de nationalité et les railleries répétées de la droite à l'égard des ratés de la « présidence normale » montrent que le symbole continue de peser dans une société loin d'être animée par le seul souci pragmatique des résultats.

Le risque de juger un responsable politique sur la seule base de ses succès et échecs formels, que nous avons entretenu à notre manière avec notre site « Lui Président », est qu'il occulte tout le contexte dans lequel il évolue. Loin de nous l'idée d'exempter tous les élus de leur responsabilité, mais nous ne pouvons qu'inviter à la plus grande prudence ceux qui sous-estiment la difficulté de transcrire les intentions dans la réalité. Pesanteurs administratives, poids des lobbies et corps intermédiaires, soumission croissante de l'économie à des facteurs transnationaux qui échappent au gouvernement, transferts de souveraineté vers les institutions européennes et mondiales...

Bien sûr, ces contraintes ne sont pas des fatalités, et la mission des politiques est précisément de les infléchir.

Diversifier les profils et les expériences dans les cabinets ministériels et à la tête des administrations permettrait peut-être de combattre les immobilismes. « *Comment peut-on attendre un changement de politique quand les personnes qui appliquent les mesures restent les mêmes ?* », souligne le blogueur et assistant parlementaire Authueil.

Se passer des corps intermédiaires (syndicats, associations, groupes d'intérêts…), comme le prônait Nicolas Sarkozy pendant sa campagne en 2012, est davantage sujet à caution, car on peut les considérer comme des contre-pouvoirs nécessaires à l'oxygénation de la démocratie. Le problème vient peut-être davantage du fait que « *les gens ne se sentent pas représentés par les syndicats* » et les autres corps intermédiaires, comme le note le philosophe Marcel Gauchet : « *Il n'y a plus de grande force encadrante dans la société, mais seulement des segments de société, comme les parents d'élèves. Du coup, les politiques ne savent pas comment s'adresser à la société.* »

Quant au poids de Bruxelles, il est, selon les points de vue, un mal nécessaire dans la construction européenne ou un carcan dont il faudrait se débarrasser. Mais on tend souvent à oublier que la plupart des décisions importantes sont prises non pas par des fonctionnaires, mais par les 28 chefs d'État et de gouvernement. Blâmer l'incapacité de François Hollande à créer un rapport de force favorable face à Angela Merkel a donc plus de sens que de vilipender la très décriée Commission européenne non élue. À moins de renverser totalement la table, comme on le prône à la gauche de la gauche ou à l'extrême droite, les présidents français doivent se conformer à des engagements européens très rigides. Ce qui convainc Marcel Gauchet que « *Martine Aubry aurait fait exactement la même politique que François Hollande* » si elle avait été élue à sa place.

Reste la mondialisation, qui offre de nouveaux spectacles d'impuissance politique, comme celui d'Arnaud Montebourg s'agitant en vain contre l'Indien Lakshmi Mittal pour sauver Florange, ou échangeant des missives enflammées avec l'Américain Maurice Taylor, patron du fabricant de pneus Titan, à propos de la reprise de l'usine Goodyear d'Amiens.

Observer avec le recul l'hystérie politique d'une campagne présidentielle doit faire paraître les citoyens, les médias et les responsables politiques bien ridicules. Comment imaginer en effet que, tous les cinq ans, la vie de 66 millions de personnes pourrait basculer radicalement sur la simple base d'un changement d'exécutif ? « *On fait croire aux gens que la politique va leur permettre de tout réaliser, y compris leur bonheur personnel*, se désole la philosophe Myriam Revault d'Alonnes. *Alors que la démocratie doit produire des conditions intellectuelles, mentales, affectives et économiques pour que les gens se réalisent, mais n'a pas pour rôle de s'occuper de leur réalisation.* »

Malgré les déceptions chroniques, l'élection présidentielle continue pourtant de générer de l'espoir à échéance régulière en déchirant, l'espace de quelques mois, la toile de contraintes dans laquelle le pouvoir évolue. L'historien Pierre Rosanvallon y voit la preuve que la politique est une sorte de marché spéculatif : « *L'électeur achète une option, il fait un pari sur l'avenir.* […] *Si la promesse n'est pas délivrée, c'est-à-dire si la réalité est très en dessous des attentes, il paie la différence avec la monnaie de la déception, mais plus tard. Il peut alors tenter de continuer à jouer sur ce marché, ou bien s'en retirer (par l'abstention ou le vote blanc)*[3] ».

Ce qui conduit directement à l'interrogation suivante : les Français n'en attendent-ils pas trop des politiques, et particulièrement du premier d'entre eux ?

Le piège de la promesse

S'il est bien un moment qui symbolise la démesure des attentes des Français, c'est la campagne présidentielle. François Hollande n'a pas échappé à la règle, même si tout le monde a pu constater qu'il avait évité de « trop » promettre, de peur, sans aucun doute, de décevoir ou de ne pas pouvoir tout réaliser – ce qui lui a d'ailleurs été largement reproché dans une partie de son camp. Reste que, selon notre comptage, le candidat socialiste a fait plus de 300 promesses distinctes en sept mois de campagne. Des engagements sur les grandes préoccupations de l'époque, bien entendu, mais aussi sur les petites demandes de diverses « clientèles électorales » qu'il savait sans doute déjà ne pas pouvoir toutes satisfaire – ce qui nourrit la nébuleuse des mécontentements.

Cette hypertrophie de la promesse en période électorale, que nous ont décrite plusieurs personnalités qui ont accompagné François Hollande en 2012, découle de l'opportunisme des multiples groupes d'intérêts qui cherchent à donner de la visibilité à des revendications que le brouhaha de l'actualité étouffe le reste du temps. C'est de bonne guerre.

Les lobbies profitent aussi du formidable appel d'air que constitue une campagne présidentielle : un moment où le peuple est amené à se choisir un dirigeant pour les cinq prochaines années sur la seule base de ses paroles.

On peut attendre d'un bon gouvernant qu'il ait de l'autorité, du charisme pour tracer des perspectives, de l'habileté pour faire travailler des gens ensemble, du sang-froid pour gérer des situations de crise, de l'intelligence pour s'adapter aux événements imprévus, des compétences pour maîtriser l'art de l'exécution des décisions… Mais, à moins qu'il ne s'agisse du président sortant, aucune de ces qualités n'est vraiment évaluable quand le candidat est encore en campagne. Médias et citoyens en sont donc réduits à comparer et départager les prétendants sur la base de la chose la plus concrète qu'ils puissent produire : leurs promesses électorales. C'est-à-dire un ensemble d'engagements plus ou moins réalistes (difficile de l'affirmer avec certitude sur le moment), sincères ou opportunistes, qui, même s'ils sont respectés, ne suffisent pas à produire une bonne présidence.

Ce problème de la promesse n'est pas nouveau : il est né avec la démocratie. Mais, comme l'a montré l'historien Pierre Rosanvallon, l'emballement de la « *machine à promesses s'est renforcé avec le déclin de l'idée de révolution* » car, auparavant, le choix d'un candidat était plus souvent lié à celui d'« *alternance systémique* » entre des projets de société radicalement différents[4]. « *Quand on ne propose pas de vision à long terme et que le projet est faible, il se remplit de mesurettes* », confirme Jean-Marie Le Guen.

Vision ou catalogue

Cinq ans après le début de la campagne, nombre de responsables socialistes que nous avons interrogés disent regretter que le projet de François Hollande ait pris des allures de catalogue de propositions. « *Je tire une leçon des 60 engagements : ce n'est plus comme cela qu'il faut faire. Le quinquennat nous oblige à agir rapidement, avec quelques priorités* », tranche par exemple l'ancienne ministre du Commerce extérieur Nicole Bricq. « *Le programme ne doit pas être un acte notarial que le président signe comme un contrat Darty !*, fulmine encore Jean-Marie Le Guen. *Sinon, on pourrait avoir un algorithme qui se substitue au président pendant cinq ans pour remplir les cases...* »

Comme eux, beaucoup plaident aujourd'hui pour des projets politiques plus succincts et moins éparpillés. Des grandes perspectives, en somme, qui laissent plus de marge de manœuvre à l'exécutif pour arbitrer en fonction des événements sans être corseté par des engagements trop précis. « *La commodité, c'est de faire un catalogue de "N" propositions, mais ça ne dessine pas un avenir collectif – ça répond à des clientèles »*, acquiesce Marcel Gauchet.

Une conception qui rejoint celle du centriste François Bayrou, qui revendique le fait d'avoir « *toujours pris soin de mettre le projet avant le programme* ». Comme en 2012, avec son projet intitulé « Produire, instruire, construire », qu'un certain François Hollande qualifiait d'« *anti-programme* » dans son livre de campagne : « *Comme si ce rien promettre résumait une politique. En le lisant, je suis saisi par la peur du vide. [...] Les bonnes intentions voisinent avec les généralités sympathiques[5].* »

Cette stratégie électorale se rapproche aussi de celle du président de l'UDI Jean-Christophe Lagarde qui, en bon ennemi de la « *tromperie programmée* » que constitue pour lui le catalogue de mesures électorales, estime qu'un candidat à la présidentielle doit « *fixer des axes stratégiques pendant la campagne* ».

L'intention est louable : il est certain qu'un projet sans promesses épargnerait à celui qui le porte de nombreuses reculades une fois au pouvoir. Mais les Français sont-ils prêts à faire confiance à un candidat qui n'annonce pas précisément la politique qu'il entend mener ? L'engagement ferme et clair, comme celui du mariage homosexuel ou du non-cumul des mandats, donne aussi une force sans laquelle beaucoup d'évolutions de la société n'auraient sans pas pu voir le jour.

« Yes we can »

Comment sortir de cette impasse ? Comment continuer à faire confiance à des représentants qui ne tiennent pas toutes leurs promesses sans pour autant abdiquer l'idée d'engagement, indissociable de la démocratie élective ?

Pour les plus radicaux, la solution est tout simplement de forcer juridiquement les élus à tenir leurs promesses. Ce projet, connu sous le nom de «mandat impératif», a été caressé à plusieurs reprises dans l'histoire de notre pays, pendant les révolutions de 1789 et 1848, puis lors de la Commune de Paris, en 1871. Mais il n'a jamais trouvé sa place dans la démocratie française – à tel point que toutes nos Constitutions, depuis 1791, l'interdisent explicitement, pour préserver l'indépendance des élus[6]. L'examen attentif du mandat de François Hollande nous donne une preuve de plus, si elle était nécessaire, de l'inanité d'un tel projet, dans un monde qui évolue si rapidement, avec toujours plus de contraintes. Comment pourrait-on demander à François Hollande de s'enfermer pour cinq ans dans une série d'orientations décidées en quelques mois – orientations que tous ses électeurs n'ont en plus pas forcément approuvées unanimement au moment de voter pour lui?

Pour Myriam Revault d'Alonnes, la solution est plutôt à trouver dans un changement d'attitude des responsables politiques vis-à-vis de leur discours électoral. «*Celui qui promet d'inverser la courbe du chômage ou de combattre la finance s'installe dans une position verticale de surplomb et crée l'illusion d'une maîtrise totale de la situation – qu'il n'a pas, en réalité. Les citoyens, eux, se retrouvent entièrement dépendants de la personne qu'ils ont élue pour que la promesse se réalise, dans l'attente passive d'une chose à laquelle ils ne participeront pas.*»

Pour elle, les politiques devraient dire «*nous allons essayer de faire cela ensemble*» plutôt que de promettre d'y arriver, avec un risque important qu'ils n'y parviennent pas. Comme le dit le député (ex-PS) Pouria Amirshahi, «*quand vous dites "je vous promets que", c'est vous qui décrétez un mandat impératif*». «*C'est une lecture des institutions totalement infantilisante, qui prête au président tous les pouvoirs, en oubliant le gouvernement, l'Assemblée, la Constitution, les Français, les corps intermédiaires, le temps long pour les réformes structurelles et tout ce qui ne peut pas être prévu*», acquiesce Jean-Marie Le Guen.

Pendant les périodes électorales, le candidat «*est mécaniquement institué, à son corps défendant, en "sauveur suprême", en deus ex machina*, écrit Pierre Rosanvallon. *Ce qui ne fait que redoubler les effets de son langage de candidat centré sur la promesse de pouvoir changer le monde.*» Et ne fait qu'accentuer «*la perception d'une relative impuissance pratique de celui qui deviendra un gouvernant à l'issue de la bataille électorale*[7]». Il n'y a bien que dans sa fonction militaire qu'un président peut contourner son impuissance, car «*quand on envoie des avions bombarder une cible, la parole se fait acte, la volonté s'accomplit immédiatement*», note encore l'historien, qui met en garde contre le risque de faire de la guerre un palliatif aux difficultés internes.

En renonçant à l'illusion de toute-puissance qu'ils projettent pendant les campagnes électorales, et en quittant les habits de l'homme providentiel, les présidents pourraient-ils réparer la confiance abîmée du peuple? «*On n'est pas obligés de tenir toutes les promesses pour réussir*, assure Myriam Revault d'Alonnes. *Si on a fait tout ce qu'on a pu, qu'on n'y est pas arrivé et qu'on s'en est expliqué, les gens le comprennent, et ils se sentent beaucoup plus partie prenante de la politique, même en cas de renoncement.*» À cet égard, elle note que «*le slogan de Barack Obama "Yes We Can" était beaucoup plus incluant que le "Moi président" de François Hollande*». Ce qui prouve qu'il n'est pas impossible d'être élu avec une telle approche – du moins aux États-Unis.

En promettant à l'électorat de faire de leur mieux et d'en rendre compte régulièrement devant eux, les présidents pourraient aussi plus facilement s'appuyer sur les citoyens pour se jouer des conservatismes ou des réticences au sein de leur majorité ou de l'appareil d'État – plutôt que de fuir les sujets qui fâchent, par crainte d'être accusés de renoncement. Une telle attitude n'aurait-elle pas été plus fructueuse pour François Hollande sur les dossiers les plus sensibles du quinquennat, comme le droit de vote des étrangers ou les initiatives pour réorienter l'Europe?

République cherche idées neuves

Au-delà des choix personnels, ce problème ne peut être totalement déconnecté du débat sur la pratique politique de notre Vᵉ République, si polarisée sur la personne du chef de l'État.

Nombreux sont les responsables politiques qui, aujourd'hui, se prononcent pour un retour vers le septennat, de préférence non renouvelable : Cécile Duflot (EELV), Jean-Christophe Lagarde (UDI), Claude Bartolone (PS), Marine Le Pen (FN) ou encore Jean-Pierre Raffarin et Xavier Bertrand (LR). Dans le même ordre d'idées, d'autres plaident pour une inversion de calendrier entre la présidentielle et les législatives. Cela pourrait redonner du temps à un président pressé par le quinquennat, mais surtout dédramatiser la campagne présidentielle. « *Il n'y aurait plus besoin que ce soit un moment de réaffirmation des différentes positions politiques* », plaide l'écologiste Cécile Duflot.

Affaiblir ainsi le « moment présidentiel », si cher aux Français, pourrait avoir de nombreuses vertus. Cela redonnerait davantage de force au débat public, qui n'est aujourd'hui considéré comme légitime que lors des campagnes. Comment imaginer qu'un seul candidat puisse trancher à lui tout seul en quelques mois de campagne l'ensemble des sujets d'intérêt public, souvent sans disposer entre ses mains des éléments techniques lui permettant d'éclairer sa décision ? « *Le débat devrait être permanent, exister hors du brouhaha et de la pauvreté affligeante des campagnes présidentielles, qui s'adresse davantage aux sentiments qu'à la raison* », plaide Pouria Amirshahi. Un point de vue partagé par Marcel Gauchet : « *Les gens attendent que, sur toute décision cruciale, il y ait un nouveau débat, et pas qu'on revienne sur ce qui a été écrit quatre ans plus tôt dans un programme.* » Le philosophe est très critique envers l'intention affichée par plusieurs candidats de droite à la présidentielle de 2017 de gouverner par ordonnances, en se passant du débat parlementaire pour gagner du temps :

« *Il ne faut pas penser qu'un gouvernant est légitimé par l'élection pour dérouler son programme d'actions : il est seulement légitimé pour occuper le rôle.* »

« *Les citoyens* [...] *détestent quand les hommes et les femmes politiques se comportent d'abord en représentants de leurs partis* [...] *C'est à une façon de gouverner constamment ouverte qu'ils aspirent* », ajoute Pierre Rosanvallon. C'est pour lui « *la tragi-comédie des frondeurs* », qui « *veulent peser dans le débat* [...] *sans aller jusqu'à prendre le risque de faire tomber le gouvernement.* » Ils sont donc « *condamnés à l'impuissance* », à « *du marchandage de détail* » sur les textes de loi, où « *des articles pas forcément utiles* » sont ajoutés « *pour calmer la grogne de tel individu, de tel petit groupe, de telle région[8]* ».

Reste donc à trouver d'autres moyens de légitimer les décisions publiques, si l'élection n'a pas tranché le débat. L'option la plus classique consisterait à redonner davantage de pouvoir au Parlement sur le modèle britannique, pour en faire un véritable lieu de discussion, plutôt qu'une chambre d'enregistrement quasi-automatique des orientations du gouvernement. Les députés ne sont-ils pas suffisamment légitimés par le suffrage universel pour porter eux-mêmes certains débats ou certaines réformes ? Pierre Rosanvallon y voit le moyen de « *décentraliser les impatiences* », alors que le pouvoir exécutif ne peut aujourd'hui « *qu'engendrer la déception* » en canalisant les attentes.

Les adversaires d'un retour au système parlementariste, comme François Hollande, estiment qu'il serait « *extrêmement dangereux* » d'affaiblir les institutions « *solides* » de la Vᵉ République, qui « *donnent de la stabilité et de la sécurité* » en permettant au président d'agir rapidement. « *Nos institutions m'ont permis d'intervenir au Mali en quelques heures, de répondre aux attaques terroristes en quelques minutes et de parler au Conseil européen avec beaucoup plus de force que d'autres[9]* », fait-il ainsi savoir.

Ce qui n'empêche pas, *a minima*, de réfléchir à donner davantage de pouvoirs et de moyens au Parlement pour contrôler l'action de l'exécutif. Ainsi, Cécile Duflot propose d'obliger les ministres à rendre compte devant l'hémicycle de l'application de leurs lois, en faisant valider par les députés leurs décrets d'application, afin de s'assurer que les textes ne s'enlisent pas et qu'ils ne soient pas détournés de leur objectif initial : « *Ce qui s'est passé avec Manuel Valls qui a dit que l'encadrement des loyers ne s'appliquerait finalement qu'à Paris, c'est fou quand on y réfléchit. La loi n'a pas été votée comme ça et ce n'est pas le Premier ministre qui peut décider ce qu'il choisit ou pas d'appliquer dans la loi.* »

Beaucoup, à droite comme à gauche, considèrent aussi comme inéluctable la montée en puissance du référendum comme outil de démocratie directe, avec tous les risques qu'il comporte. Marcel Gauchet fait le pari que « *plus on en fera usage, plus son usage sera rationnel* », réduisant le risque qu'une question de fond soit détournée en plébiscite pour ou contre l'exécutif. D'autres personnalités, comme Jean-Luc Mélenchon, voudraient au contraire accentuer son caractère plébiscitaire, en rendant possible un « référendum révocatoire » qui permettrait au peuple de démettre le chef de l'État de ses fonctions à tout moment pendant son mandat, sur le modèle du Venezuela[10].

Certains rêvent à ce que la société puisse irriguer en permanence le débat politique sans forcément prendre la forme d'une sanction par « oui » ou par « non », mais en participant à la délibération. Marcel Gauchet appelle de ses vœux la renaissance de « *partis politiques dignes de ce nom, qui ne soient plus des écuries électorales, mais des lieux de débats sociaux ouverts* ». Ceux-ci pourraient faire émerger de nouvelles problématiques absentes des plateformes politiques des partis actuels. Ce qui réjouirait le député Pouria Amirshahi, qui raconte qu'en près de 20 ans au PS et à l'Unef, il n'a « *jamais assisté à une réunion de section où l'on parlait de sujets cruciaux de politique publique, comme le séquençage du génome humain, l'entrée dans le domaine public des pôles Nord et Sud, de l'espace ou des médicaments».* On doute toutefois que ces débats permettent de régler les tiraillements d'un Parti socialiste sur les questions économiques et sécuritaires. Les discussions internes risqueraient, au contraire, de brouiller la lisibilité des lignes politiques déjà floues de certains partis.

Les citoyens pourraient sinon intervenir plus directement, grâce à une participation facilitée par les outils numériques, qui permettent, selon Cécile Duflot, de «*mettre en débat de nombreuses choses quasi impossibles jusque-là, sauf à organiser un référendum*». La secrétaire d'État au numérique, Axelle Lemaire, en a offert un aperçu avec son projet de loi sur le numérique, élaboré conjointement avec 20 000 internautes volontaires à l'automne 2015. Reste à savoir si l'exercice serait transposable dans d'autres domaines et pourrait produire des résultats sans offrir un boulevard aux lobbies de tous crins.

Quelles que soient les modalités de délibération choisies, Cécile Duflot est persuadée que le préalable indispensable reste que «*les politiques apprennent à se départir du pouvoir qu'ils n'ont plus, au lieu de se crisper sur la mise en scène d'une autorité factice*». Et de citer l'exemple du site de covoiturage «*Blablacar qui fait de la politique des transports en négociant directement avec Vinci, sans demander son avis au ministère des Transports*». «*Ces interlocuteurs des nouvelles technologies auront toujours un coup d'avance : ils ne consentiront à dialoguer que si le pouvoir politique accepte qu'ils exercent une forme de pouvoir*», estime l'écologiste.

Nouvelles promesses

Aucune de ces pistes ne saurait toutefois suffire à rétablir le lien de confiance entre citoyens et élus, tant que le respect de la parole donnée et de la cohérence ne sera pas devenu une valeur cardinale de la démocratie. Au fil des années, la transparence, l'intégrité ou l'exemplarité se sont imposées comme des qualités requises pour nos responsables politiques – mais jamais le fait de rendre compte honnêtement de la réalisation de ses engagements électoraux.

Plusieurs des responsables politiques que nous avons interrogés balaient un peu négligemment la question, en n'hésitant pas à se mettre dans les pas de Charles Pasqua et de Jacques Chirac, avec cette citation pleine de cynisme : « *Les promesses n'engagent que ceux qui les écoutent* ». « *Il n'y pas de problème de distorsion entre les engagements et ce que l'on fait, parce que, mis à part vous et quelques autres personnes, personne ne sait ce qu'il y a dans les 60 engagements* », estime ainsi le patron des sénateurs PS, Didier Guillaume. À quoi bon alors financer publiquement l'envoi des programmes électoraux dans les boîtes à lettres de tous les Français ?

« *Au regard de ce qu'ont fait les différents présidents de droite et de gauche, y a-t-il encore un Français qui pense qu'un candidat qui se présente va appliquer tout son programme ? C'est dommage, mais c'est la vérité* », constate quant à lui le président de l'UDI, Jean-Christophe Lagarde. Quant aux soutiens du président Hollande, il en est qui n'hésitent pas à justifier le reniement de certains engagements du candidat au seul motif qu'ils ont été prononcés à l'oral et ne font pas officiellement partie de son programme. Ce constat de désinvolture ne se cantonne pas aux campagnes électorales : un nombre impressionnant d'engagements pris en cours de mandat par les ministres de François Hollande sont restés lettre morte, sans que grand monde ne s'en émeuve. Il n'est pas non plus limité à la politique nationale : on la retrouve au niveau local, dans les conseils régionaux, départementaux et municipaux, ou au Parlement européen.

Comment les élus, bien conscients de la fracture qui s'agrandit avec les Français à chaque élection, peuvent-ils sous-estimer à ce point cette exigence de vérité ? Peut-être parce que les citoyens eux-mêmes, résignés, n'y accordent pas suffisamment d'importance. « *De même qu'il n'y a pas de démagogues sans foule satisfaite, il n'y a pas de double langage politique sans citoyens schizophrènes* », tacle Pierre Rosanvallon, qui regrette que ces citoyens se satisfassent d'une « *souveraineté électorale intermittente* », c'est-à-dire d'un vote de sanction ou d'approbation tous les cinq ans.

Le problème est même plus grave, car rares sont les électeurs qui se prononcent sur la réélection d'un président sortant en jugeant son action concrète et la réalisation de ses engagements. C'est en tout cas le point de vue développé par le Premier ministre Manuel Valls un an avant la présidentielle de 2017, comme beaucoup d'autres avant lui : « *Je ne pense pas qu'on gagne une présidentielle sur un bilan, ni qu'on la perde sur un bilan. On la perd si on ne se projette pas dans l'avenir, si on n'a pas de vision[11].* »

Si les citoyens accordent si peu d'importance au bilan de leurs élus, c'est certainement à cause du déficit croissant de lisibilité du monde politique – un constat paradoxal à l'ère de la surinformation.

Le premier problème reste la difficulté de savoir qui est responsable de quelle action – et, le cas échéant, des renoncements. Cela s'explique en partie par des processus de décision de plus en plus complexes, mais les responsables politiques introduisent eux-mêmes de la confusion. Au pouvoir, ils enjolivent leur action et rejettent la responsabilité de leurs échecs sur les autres ; dans l'opposition, ils caricaturent l'adversaire et le chargent de tous les maux.

Nos gouvernants sont également rarement capables d'assumer leurs échecs ou leurs changements d'avis, et ce quinquennat en a offert une nouvelle illustration. Il suffit de parcourir le bilan des 60 engagements de François Hollande publié chaque année par le gouvernement, dans un souci louable de transparence : en préambule de la version 2016, le porte-parole du gouvernement,

Stéphane Le Foll, n'hésite pas à affirmer qu'«*aucun*» engagement n'a été «*renié*» – oubliant au passage le retour à l'équilibre
budgétaire, l'introduction de la proportionnelle, la grande
réforme fiscale ou encore la suppression des stock-options. «*Le
nombre de fois où l'on s'est retrouvés à devoir expliquer qu'on
avait bien fait ce qu'on avait annoncé, alors que pas du tout…*»,
reconnaît un ancien conseiller ministériel à Bercy.

Dans notre travail de vérification, nous nous sommes souvent
heurtés à un mur en tentant de comprendre *pourquoi* tel ou tel
engagement n'avait pas été concrétisé – et nous étions souvent
réduits à nous reposer sur des conjectures ou des paroles non
officielles. Pourquoi la gauche n'a-t-elle pas fait davantage de
publicité et de pédagogie sur son action, pour valoriser les
avancées et expliquer les renoncements ? Pourquoi François
Hollande a-t-il attendu si longtemps avant de mettre des mots
sur sa politique économique, plus libérale que celle qu'il semblait
avoir dessinée pendant la campagne et à laquelle s'attendaient
une partie de sa majorité et de ses électeurs ?

Que les élus rendent soigneusement compte de leur action
avec une véritable éthique de l'engagement ne suffira pas à
guérir notre démocratie de tous ses maux – car la promesse
est loin de résumer l'action politique. Mais ce changement
d'état d'esprit, qui va de pair avec la demande croissante de
transparence, est peut-être le préalable indispensable pour
renouer la confiance avec les Français. Et cela commence par
faire soi-même le bilan de son action. Ce que recommandait
d'ailleurs François Hollande en 2012 à son prédécesseur Nicolas
Sarkozy : «*Je n'accable pas le président sortant. Il n'est pas
responsable de tout. Ni du passé, ni des contraintes extérieures.
Mais il doit acquitter la note des promesses qu'il a faites et dont
il savait qu'elles ne seraient pas tenues*[12]. »

Remerciements

Merci à toutes celles et ceux qui ont participé et nous ont épaulés pendant près de cinq ans dans l'aventure « Lui Président », et à ceux qui ont patiemment rassemblé avec nous la matière indispensable à ce livre : Bastien Augey, Kilian Bridoux, Dylan Gamba, Élodie Hervé, Florence de Juvigny, Julia Pavesi, Lenny Pomerantz, Sonia Reynaud, Youness Rhounna, Axel Roux, Thibault Saingeorgie et Loïc Soleymieux. Nous remercions également Marion Degeorges pour son coup de main initial, la 87e promotion de l'École supérieure de journalisme de Lille et tout l'encadrement de cette école où est né ce projet, ainsi que notre ami Michael Bloch pour sa précieuse relecture. Merci enfin au *Monde* pour sa confiance et l'hébergement de notre blog pendant cinq ans et à Émilie Lerebours pour son patient et essentiel travail d'accompagnement.

Notes

Introduction

1. www.luipresident.fr.

2. La paternité de cette formule apocryphe est disputée avec Georges Clemenceau. Elle a été publiquement reprise par Charles Pasqua en 1988 et Jacques Chirac en 1998, sous diverses variantes.

1. «François Hollande m'a déçue»

1. Cette mesure a bénéficié à 28 000 personnes.

2. Ce coup de pouce de 2 % s'est en réalité élevé à 0,6 %, car il s'agissait surtout d'une avance sur la prochaine hausse légale, prévue le 1er janvier suivant.

3. «Hollande réservé sur le mariage gay», *Le Parisien*, 8 novembre 2012.

4. Entretien avec les auteurs, le 14 juin 2016. Sauf mention contraire, tous les propos de Gilles Bon-Maury reproduits dans le livre proviennent de cet entretien.

5. Entretien avec les auteurs, le 24 février 2016. Sauf mention contraire, tous les propos de Franck Riester reproduits dans le livre proviennent de cet entretien.

6. «Mariage pour tous : Hollande nous a Barjoté.e.s», *Libération*, 23 avril 2016.

7. *La Bataille du mariage pour tous*, Erwann Binet et Charlotte Rotman, Paris, Books éditions, 2016.

8. «Laurence Rossignol : "Tout le monde puise dans la culpabilité des femmes"», *Libération*, Catherine Mallaval et Johanna Luyssen, 16 février 2016.

9. Il a perdu chez Ipsos 11 points d'opinions positives entre juillet et août 2012 (de 55 % à 44 %). Selon l'Ifop, c'est entre août et septembre que le décrochage intervient (de 54 % à 43 %).

10. « Quel bilan pour l'agenda du changement de François Hollande ? », *Luipresident.blog.lemonde.fr*, juillet 2013.

11. Sondage Ifop pour le *JDD*, septembre 2012.

12. Entretien avec les auteurs, le 20 mai 2016. Sauf mention contraire, tous les propos de Cécile Duflot reproduits dans le livre proviennent de cet entretien.

13. Entretien avec les auteurs, 12 avril 2016. Sauf mention contraire, tous les propos de Pouria Amirshahi reproduits dans le livre proviennent de cet entretien.

14. « Hébétés, nous marchons vers le désastre… », *Le Journal du Dimanche*, Arnaud Montebourg et Matthieu Pigasse, 7 juin 2015.

15. Entretien avec les auteurs le 28 avril 2016. Sauf mention contraire, tous les propos de Thierry Marchal-Beck reproduits dans le livre proviennent de cet entretien.

16. Co-auteur, avec Laurianne Deniaud, de *Contrôles au faciès : comment en finir*, Paris, Les Petits Matins, 2012.

17. Sur RMC/BFM TV, le 1er juin 2012.

18. Rapport de la Ligue des droits de l'homme et de l'European Roma Rights Center, 14 janvier 2014.

19. « Valls : le droit de vote des étrangers n'est pas une "revendication forte" de la société », *Le Monde*, David Revault d'Alonnes, 17 septembre 2012.

20. Débat du second tour de la primaire, le 12 octobre 2011.

21. Limitée à deux ans, cette version de la taxe revenait en fait à une majoration de 18 % sur les revenus supérieurs à 1 million d'euros (en excluant les revenus du capital).

22. Entretien avec les auteurs, le 17 mai 2016. Sauf mention contraire, tous les propos de Marylise Lebranchu reproduits dans le livre proviennent de cet entretien.

23. « Dans les allées du pouvoir, les banquiers à la manœuvre », *L'Expansion*, Marie-Jeanne Pasquette, le 25 avril 2012.

24. Adrien de Tricornot, Mathias Thépot et Franck Dedieu, Paris, Bayard, 2014.

25. Frédéric Oudéa, auditionné le 30 janvier 2013 par la commission des Finances de l'Assemblée.

26. Rapport parlementaire de Karine Berger et Jérôme Chartier sur la loi bancaire, le 24 juin 2015.

27. Les bonus et les stock-options ont été toutefois surtaxés à l'été 2012.

28. Dans un premier temps, les salaires des dirigeants n'ont été plafonnés que dans les entreprises publiques (de 1 à 20), mais le gouvernement a renoncé à légiférer sur les entreprises privées, préférant s'en remettre à un code de bonne conduite du patronat. Après le scandale sur la rémunération de Carlos Ghosn (Renault), au printemps 2016, le gouvernement a décidé d'aller plus loin : le plafonnement de 1 à 20 a été étendu aux entreprises sous contrôle majoritaire de l'État, et le vote des actionnaires sur les rémunérations rendu contraignant dans le privé.

29. Les ministres des Finances des dix pays concernés, qui devaient initialement prendre une décision en juin 2016, ont décidé de se revoir en septembre pour tenter de trouver un compromis.

30. Le rapport sur la compétitivité française rédigé par Louis Gallois a été remis à Jean-Marc Ayrault le 5 novembre 2012.

31. Le 26 janvier 2012, lors de la présentation des 60 engagements.

32. Entretien avec les auteurs, le 3 mai 2016. Sauf mention contraire, tous les propos d'Aurélie Filippetti reproduits dans le livre proviennent de cet entretien.

33. À l'occasion de la 5e conférence nationale des entrepreneurs, le 12 novembre 2012.

34. Évaluation de l'Observatoire français des conjonctures économiques de décembre 2015.

35. « Hollande : "J'inverserai la courbe du chômage" », *Le Journal du Dimanche*, 15 avril 2012.

36. Voir *Florange, la tragédie de la gauche*, Elsa Freyssinet et Valérie Astruc, Paris, Plon, 2013.

37. « La promesse de Florange », documentaire d'Anne Gintzburger et Franck Vrignon, diffusé le 16 avril 2013 sur France 5.

38. Entretien avec les auteurs, le 21 juin 2016. Sauf mention contraire, tous les propos d'Adrienne Charmet reproduits dans le livre proviennent de cet entretien.

39. 95 %, selon un sondage Ifop pour *Ouest France* du 22 novembre 2015. Un chiffre qui reculera au fil du débat.

40. Paris, Philippe Rey, 2016.

41. « Martine Aubry : "Un affaiblissement durable de la France se prépare" », *Le Monde*, 24 février 2012.

42. À partir de l'été 2015, les locataires de logements dans la capitale pouvaient contester le montant de leur loyer s'il divergeait trop de la moyenne des loyers dans le quartier.

43. Revendiquée par l'Unef depuis la Seconde Guerre mondiale et promise par François Hollande en 2012, cette allocation serait versée à tous les étudiants sous condition de ressources, en remplacement des bourses existantes.

44. Cette nouvelle peine permet aux auteurs de délits d'échapper à la prison, en échange d'un accompagnement soutenu, assorti d'obligations et d'interdictions diverses.

2. «J'ai conçu le programme présidentiel»

1. Entretien avec les auteurs, le 21 juin 2016. Sauf mention contraire, tous les propos de Nicolas Gougain reproduits dans le livre proviennent de cet entretien.

2. À *Grazia*, le 24 février 2012, puis à *Têtu*, en avril 2012.

3. *Pour une révolution fiscale*, Thomas Piketty, Camille Landais et Emmanuel Saez, Paris, Seuil, 2011.

4. «Les conditions de mise en œuvre d'une fusion progressive de l'impôt sur le revenu et de la contribution sociale généralisée», janvier 2012, jamais rendu public.

5. Entretien avec les auteurs, le 12 avril 2016. Sauf mention contraire, tous les propos de Dominique Lefebvre reproduits dans le livre proviennent de cet entretien.

6. Entretien avec les auteurs, le 25 avril 2016. Sauf mention contraire, tous les propos de Nicole Bricq reproduits dans le livre proviennent de cet entretien.

7. Lire «Le lobby nucléaire réécrit l'accord PS-écologistes», *Mediapart*, Stéphane Alliès et Jade Lingaard, 16 novembre 2011 et «Les 24 heures qui ont plongé Verts et socialistes dans la confusion», *Le Monde*, Samuel Laurent et Anne-Sophie Mercier, 16 novembre 2011.

8. Le PS a «laissé» 63 circonscriptions aux candidats écologistes, qui ont obtenu à l'issue des législatives 17 députées, ce qui leur a permis de franchir la barre nécessaire à la constitution d'un groupe parlementaire.

9. Entretien avec les auteurs, le 14 juin 2016.

10. Entretien avec les auteurs, le 14 juin 2016.

11. «Reprendre en mains notre avenir», 9 mars 2012.

12. La police de proximité lancée par la gauche en 1998 fut supprimée par Nicolas Sarkozy, alors ministre de l'Intérieur, en 2003. Il allait la rétablir pendant son quinquennat, en 2008, sous la forme d'«unités territoriales de quartier», à nouveau supprimées en 2010.

13. Rapport des députés Jean-Pierre Gorges et Jean Mallot, le 30 juin 2011.

14. 432 euros par an, selon les prévisions du Trésor en 2012.

15. Les baisses d'impôts ciblées sur les ménages les plus modestes ont permis à 3 millions de ménages de sortir de l'impôt (ou d'éviter d'y entrer) en 2014. L'année suivante, 8 millions de foyers ont vu leur impôt réduit grâce à une modification du mécanisme de décote.

16. «L'erreur de la suppression des "heures sup" défiscalisées"», *Le Figaro*, Marc Landré, 20 août 2013.

17. 71 %, selon un sondage CSA de mars 2015 pour *Les Échos*, l'Institut Montaigne et Radio classique.

18. Dans *Le Stage est fini*, Françoise Fressoz, Paris, Albin Michel, 2015.

19. Entretien avec les auteurs, le 30 mai 2016. Sauf mention contraire, tous les propos d'Élisabeth Guigou reproduits dans le livre proviennent de cet entretien.

20. Entretien avec les auteurs, le 5 mai 2016. Sauf mention contraire, tous les propos d'Yves Bertoncini reproduits dans le livre proviennent de cet entretien.

21. *Le Monde*, Cécile Ducourtieux, 6 juin 2016.

22. «Les marchés et l'Europe ou une politique de gauche (article 2/2)», *Blogdenico.fr*, 19 avril 2012.

23. Entretien avec les auteurs, le 17 février 2016. Sauf mention contraire, tous les propos d'Yves Krattinger reproduits dans le livre proviennent de cet entretien.

24. Entretien avec les auteurs, le 11 avril 2016. Sauf mention contraire, tous les propos de Robert Zarader reproduits dans le livre proviennent de cet entretien.

25. *Le Pari*, Bastien Bonnefous et Charlotte Chaffanjon, Paris, Plon, 2016.

26. Entretien avec les auteurs, le 14 janvier 2016. Sauf mention contraire, tous les propos de Claudine Lepage reproduits dans le livre proviennent de cet entretien.

27. Entretien avec les auteurs, le 20 janvier 2016. Sauf mention contraire, tous les propos de Valérie Fourneyron reproduits dans le livre proviennent de cet entretien.

28. *Le Stage est fini, op. cit.*

29. «François Hollande vu par ses ex-ministres», *Le Monde*, Thomas Wieder, 19 mai 2016.

30. «Comment Hollande a tranché sur l'EPR», *La Lettre A*, 11 novembre 2011.

31. «La curieuse disparition du "MOX" de l'accord Verts-PS», *Le Monde*, Samuel Laurent et Anne-Sophie Mercier, 16 novembre 2011.

32. Entretien avec les auteurs, le 19 mai 2016. Sauf mention contraire, tous les propos de Jean-Marie Le Guen reproduits dans le livre proviennent de cet entretien.

33. Lettre de François Hollande au Comité national laïque, le 16 avril 2012.

34. Rapport de Jacques-Bernard Magner et Jacques Legende, le 8 juillet 2014.

35. Entretien avec les auteurs, le 11 mai 2016. Sauf mention contraire, tous les propos de Jean-Christophe Lagarde reproduits dans le livre proviennent de cet entretien.

36. *Le Bon Gouvernement*, Paris, Seuil, 2015, p. 160.

37. Les professeurs Claude Got, Maurice Tubiana, Gérard Dubois, Albert Hirsch et François Grémy. Voir www.securite-sanitaire.org/questions1988/questions1988.htm.

38. *Changer de destin*, Paris, Robert Laffont, 2012, p. 123.

39. «François Hollande : "Le matraquage fiscal, c'est Sarkozy qui l'a asséné aux Français"», *L'Express*, 10 avril 2012.

40. «Nous n'avons pas besoin d'en promettre tant et plus», interview dans *Le Monde*, 19 avril 2010.

41. Entretien avec les auteurs, le 11 mai 2016. Sauf mention contraire, tous les propos de Michèle Delaunay reproduits dans le livre proviennent de cet entretien.

42. Notamment dans *La gauche bouge*, Paris, Jean-Claude Lattès, 1985, signé par Jean-Yves Le Drian, Jean-Michel Gaillard, Jean-Pierre Jouyet, Jean-Pierre Mignard et François Hollande sous le pseudonyme «Jean-François Trans».

43. Voir le texte de la Convention nationale du PS pour «un nouveau modèle de développement» (mai 2010) et la contribution du laboratoire des idées du PS sur «le nouveau monde industriel» (juillet 2011).

44. *Le Stage est fini, op. cit.*

45. *Changer de destin, op. cit.* p. 30.

46. À Thionville, le 17 janvier 2012.

47. Le 26 janvier 2012, lors de la présentation des 60 engagements.

48. Tribune dans *Le Nouvel Observateur*, le 18 août 2011.

49. *Le Stage est fini, op. Cit*

50. Entretien avec les auteurs, le 10 mai 2016. Sauf mention contraire, tous les propos de Pascal Canfin reproduits dans le livre proviennent de cet entretien.

51. Entretien avec les auteurs, le 17 mai 2016.

52. «A country in denial», *The Economist*, 31 mars 2012.

53. Rapport annuel 2016 de la Cour des comptes, p. 59.

54. Entretien avec les auteurs, le 1er juin 2016.

55. «75 % : ces "pleureuses" qui ont fait le forcing auprès d'Hollande», *Le Nouvel Observateur*, Odile Benyahia-Kouider, 30 août 2012.

56. *Le Stage est fini, op. cit.*

3. «J'ai été ministre de François Hollande»

1. «François Hollande vu par ses ex-ministres», article cité.

2. *Ibid.*

3. «Quel bilan pour l'agenda du changement de François Hollande?», *Luipresident.blog.lemonde.fr*, juillet 2013.

4. Un équilibrage en faveur des PME a été engagé dès 2012, mais le gouvernement n'a jamais mis en place les trois taux d'imposition promis en fonction de la taille des entreprises (15 % pour les TE, 30 % pour les PME et 35 % pour les grandes).

5. Selon un sondage Odoxa pour *Le Figaro*, en mars 2015, 60 % des sondés étaient favorables à une généralisation de l'avance des frais lors des consultations. À l'inverse, le dispositif a entraîné une grogne des médecins.

6. Entretien avec les auteurs, le 16 mai 2016. Sauf mention contraire, tous les propos d'Authueil reproduits dans le livre proviennent de cet entretien.

7. Entretien avec les auteurs, le 4 mai 2016. Sauf mention contraire, tous les propos de Marcel Gauchet reproduits dans le livre proviennent de cet entretien.

8. Cantonné dans un premier temps à Paris (à partir du 1er août 2015), l'encadrement des loyers doit être étendu à l'agglomération parisienne en 2018, et potentiellement à Lille (fin 2016) et Grenoble (2017) qui se sont portées volontaires.

9. La GUL, qui devait entrer en vigueur début 2016, a finalement été remplacée par un dispositif moins ambitieux et facultatif, la garantie Visale.

10. L'effondrement d'une tribune au stade Armand-Cesari, le 5 mai 1992 à Furiani, lors de la demi-finale de coupe de France entre le SC Bastia et l'Olympique de Marseille, avait provoqué la mort de 18 personnes.

11. Laurence Rossignol, le 20 avril 2016, lors de l'émission «Questions d'info» sur LCP.

12. Interview de Pierre Rosanvallon dans *L'Obs*, le 2 avril 2016.

13. Selon un sondage Opinionway de mars 2016, 62 % des Français se disent favorables à l'énergie nucléaire.

14. L'entrée en vigueur de l'écotaxe poids lourdes était prévue au 1er janvier 2014, mais la mobilisation des «bonnets rouges» bretons et les difficultés techniques du projet ont contraint le gouvernement à suspendre sa mise en place à l'automne 2013.

15. *Insoumise*, Delphine Batho, Paris, Grasset, 2014.

16. Courrier dévoilé dans *Le Monde*, le 13 août 2013.

17. Officiellement, le jaune budgétaire 2014 (une annexe à la loi de finances qui renseigne sur l'exécution des différents budgets) évoque 14,9 conseillers par ministre et 20 ministères en infraction avec la règle Ayrault. Mais la réalité est encore au-dessus, selon le Guide du pouvoir 2013, qui dénombre 677 conseillers, soit 24 par ministère. Si la masse de collaborateurs a connu une déflation avec l'arrivée de Manuel Valls à Matignon, elle n'est jamais passée sous la limite fixée initialement.

18. Sur RTL, le 15 octobre 2012.

19. Sur Europe 1, le 11 septembre 2012.

20. François Hollande, lors de ses vœux au gouvernement, le 3 janvier 2013.

21. «François Hollande vu par ses ex-ministres», article cité.

22. *Le Stage est fini, op. cit.*

23. «François Hollande vu par ses ex-ministres», article cité.

24. «Cuvillier fait exception à la règle du non-cumul», *LeJdd.fr*, Gaël Vaillant, 24 juin 2014.

4. «J'ai vu les limites du pouvoir présidentiel»

1. Une avant-garde d'au moins neuf pays de l'Union européenne qui peuvent décider de mettre sur pied une politique commune dans un «club» restreint, pour contourner le désaccord des autres États membres.

2. En juin 2016, la commission Mestrallet a rendu des pré-conclusions dans lesquelles elle propose d'établir un plancher et un plafond sur le marché carbone européen, afin de relever le prix du CO_2 et d'assurer de la visibilité aux entreprises. Une proposition qui rencontre une forte opposition au Parlement européen.

3. «À Bruxelles, François Hollande sur la défensive», *Le Monde*, Cécile Ducourtieux et David Revault d'Allonnes, 22 octobre 2014.

4. La Déclaration universelle des droits de l'humanité, rédigée par Corinne Lepage à la demande de François Hollande, a été présentée par la France en novembre 2015, lors de l'accueil de la COP21. Elle a ensuite été transmise à l'ONU en avril 2016, mais n'avait pas été adoptée par l'Assemblée générale à l'été 2016.

5. «COP21 : quel bilan ?», Iris-france.org, 14 décembre 2015.

6. «L'été où la France a presque fait la guerre en Syrie», *Le Monde*, Benjamin Barthe, Nathalie Guibert, Yves-Michel Riols et Christophe Ayad, 17 février 2014.

7. «François Hollande : la crise en Syrie, "le moment le plus éprouvant que j'ai vécu"», *Le Figaro*, Solenn de Royer, 22 juillet 2014.

8. La loi a été appliquée une poignée de fois depuis son entrée en vigueur en 2014, sans changer grand-chose par rapport à la situation antérieure. Lire «Les premiers effets de la loi Florange s'avèrent plutôt pervers», *Challenges*, Alice Mérieux, 30 juin 2015.

9. «Conseil constitutionnel : pas plus de censures sous Hollande que sous Sarkozy», LeParisien.fr, 6 août 2014.

10. Meeting à la Mutualité (Paris), le 12 juillet 2016.

11. «Hollande, autopsie d'une présidence», *L'Obs*, 2 avril 2016.

5. «J'ai combattu Hollande et sa politique»

1. «Encadrement des loyers : un bilan plus qu'en demi-teinte à Paris», Challenges, Éric Treguier, 1er juillet 2016.

2. «La droite veut s'éviter un futur choc social», *Le Monde*, Alexandre Lemarié et Bertrand Bissuel, 13 juin 2016.

3. François Hollande a annoncé en janvier 2016 un plan de 500 000 formations aux «emplois de demain». Un effort si massif peut infléchir provisoirement les chiffres du chômage, car les chômeurs ne sont plus activement à la recherche d'un emploi pendant le temps de leur formation.

4. *Changer de destin, op. cit.*, p. 30.

5. «Heetch, Airbnb, Uberpop… Arrêtons le massacre ! », Contrepoints. org, Virginie Calmels, 23 juin 2016.

6. *Ibid*, p. 162.

7. Enquête Ifop/ANACEJ (Association nationale des conseils d'enfants et de jeunes) du 3 mai 2016.

8. 22,7 % en avril 2016, exactement comme en mai 2012, selon Eurostat. La moyenne européenne s'élève à 18,8 %, contre 23,1 en mai 2012.

9. *Le Stage est fini, op. cit.*

10. «Cécile Amar a suivi François Hollande : "À l'Élysée, certains l'appellent 'la teigne'"», *Midi Libre*, Laure Joanin, 22 février 2014.

11. «"Cinglant, solitaire, loin d'être exemplaire…" : ses ex-ministres racontent Hollande», *L'Obs*, Julien Martin et Maël Thierry, 14 mai 2014.

12. Entretien avec les auteurs, le 15 avril 2016. Sauf mention contraire, tous les propos de Myriam Revault d'Alonnes reproduits dans le livre proviennent de cet entretien.

13. «La tentation permanente du micro-management, point de faiblesse du hollandisme ? », *Le Monde*, David Revault d'Alonnes, 4 août 2014.

14. «À l'Élysée, un temps de président», Yves Jeuland, diffusé le 28 septembre 2015 sur France 3.

15. «La tentation permanente du micro-management, point de faiblesse du hollandisme ? », *ibid*.

16. La dette a augmenté d'environ 600 milliards d'euros sous le quinquennat Sarkozy. Il est impossible de savoir quelle part de cette hausse est attribuable à la crise. Pour la seule année 2010, la Cour des comptes l'estimait à seulement un tiers.

17. «Clash Politique Remix – C'est Pas De Votre faute", par Khaled Freak, *YouTube*.

18. «Transition énergétique: comment l'UMP a tué le débat», *Le Monde.fr*, Hélène Bekmezian, 9 octobre 2014.

19. *Le Stage est fini, op. cit.*

20. Elle disposait au lendemain des législatives de 2012 de 518 parlementaires, alors que la majorité des trois cinquièmes se situe à 555.

21. Christian Jacob le 13 mars 2013 dans les couloirs de l'Assemblée.

22. La question prioritaire de constitutionnalité (QPC), introduite par la réforme constitutionnelle de 2008, permet à tout justifiable de dénoncer l'inconstitutionnalité d'une loi devant le Conseil constitutionnel.

23. *Le Stage est fini, op. cit.*

24. *Ibid.*

25. *Ibid.*

26. *Ibid.*

27. Dans «On n'est pas couchés», le 6 juin 2015.

6. «Moi président, je défends mon bilan»

1. Interview de François Hollande à *Society*, en mars 2015.

2. Sur les six premiers mois de l'année 2016, le nombre de chômeurs de catégorie A, B et C a baissé de 43 400, soit 0,8 %.

3. François Hollande lors de l'émission «Dialogues citoyens», sur France 2, le 14 avril 2016.

4. Interview de François Hollande à *Society*, en mars 2015.

5. L'audit de la Cour des comptes sur les finances publiques de la France, remis le 2 juillet 2012 au gouvernement, tirait la sonnette d'alarme sur la situation budgétaire laissée par la majorité précédente.

6. *Le Stage est fini, op. cit.*

7. *Ibid.*

8. *Ibid.*

9. Selon le compteur fiscal Coe-Rexecode, la hausse a même été de 35 milliards pour les ménages en 2012-2013 sous l'effet cumulé des mesures prises par Nicolas Sarkozy et François Hollande. La hausse est d'environ 50 milliards entre 2012 et 2016, toujours selon Coe-Rexecode.

10. Entre 2007 et 2012, le taux de prélèvement obligatoire est passé de 42,1 % à 43,8 % du PIB.

11. Interview de Manuel Valls au *Monde*, le 24 octobre 2015.

12. *Le Stage est fini*, *op. cit.*

13. Loi du 21 août 2007 en faveur du travail, de l'emploi et du pouvoir d'achat, qui avait concrétisé le slogan « travailler plus pour gagner plus ».

14. *Le Stage est fini*, *op. cit.*

15. Entretien de Jean-Marc Ayrault, dans *Metronews*, le 18 septembre 2013.

16. *Le Stage est fini*, *op. cit.*

17. *Ibid.*

18. François Hollande sur Europe 1, le 17 mai 2016.

19. François Hollande, entretien dans *Les Échos*, le 29 juin 2016.

20. *Le Stage est fini*, *op. cit.*

21. « Cumul des mandats : ces socialistes qui résistent », *Le Journal du Dimanche*, Caroline Vigoureux, 1er octobre 2012.

22. François Hollande lors de l'émission « Dialogues citoyens », sur France 2, le 14 avril 2016.

23. François Hollande lors d'une allocution télévisée le 30 mars 2016.

24. Manuel Valls, invité du Bondy Blog, le 27 octobre 2015.

25. Contribution du laboratoire des idées du PS sur « le nouveau monde industriel » (juillet 2011).

26. François Hollande, entretien dans *Les Échos*, le 29 juin 2016.

27. *Le Stage est fini*, *op. cit.*

28. Christophe Sirugue était le rapporteur PS de la loi travail à l'Assemblée nationale.

29. Lois de 1982 sur la négociation collective dans les entreprises et les droits des travailleurs.

30. Loi de 1998 sur les 35 heures, qui prévoyait des incitations pour les entreprises qui s'engageaient en matière d'embauches.

31. François Hollande sur Europe 1, le 17 mai 2016.

32. *Ibid.*

33. Propos de François Hollande rapportés par *Le Monde*, le 19 janvier 2015.

34. François Hollande lors de ses vœux pour l'année 2016, le 31 décembre 2015.

35. 60e des 60 engagements de François Hollande.

36. François Hollande lors de ses vœux à la presse, le 16 janvier 2013.

37. «Non, il n'y a jamais eu de colonnes de terroristes déferlant vers Bamako», affirmera notamment Jean-Christophe Notin dans *La guerre de la France au Mali,* Paris, Tallandier, 2014.

38. Bilan au 14 juillet 2016.

39. François Hollande avait initialement annoncé vouloir réduire le contingent au Mali à 1 000 soldats pour la fin 2013. Mais en 2016, il restait encore, selon le ministère de la Défense, environ 3 000 soldats sur place dans le cadre de l'opération Barkhane, étendue à l'ensemble du Sahel.

40. Déclaration de François Hollande à la presse en marge d'un sommet sur la sûreté nucléaire à Washington, le 2 avril 2016.

41. Le gouvernement s'était engagé à ne pas envoyer de troupes supplémentaires, mais le nombre de soldats français est passé de 1 600 à 2 000, en février 2014.

42. François Hollande souhaitait faire financer l'intervention en République centrafricaine par l'Union européenne, ce qui n'a pas été le cas. L'UE a en revanche débloqué 100 millions d'euros pour la Mission internationale de soutien à la Centrafrique et pour l'aide humanitaire.

43. Allocution de François Hollande, le 24 juin 2016.

44. François Hollande, entretien dans *Les Échos*, le 29 juin 2016.

45. *Ibid*.

46. *« C'est une plaisanterie ?»*, s'est étonnée la journaliste Léa Salamé, dans l'émission «Dialogues citoyens» sur France 2, le 14 avril 2016, au moment où François Hollande assurait qu'il avait la même position qu'Angela Merkel sur la crise des réfugiés.

47. Chiffres de l'Office français de protection des réfugiés et des apatrides, mis à jour le 22 janvier 2016.

48. En vertu de cet accord, tous les migrants arrivés illégalement en Grèce par la Turquie devaient y être renvoyés. En échange, autant de migrants coincés sur le sol turc devaient pouvoir entrer légalement en Europe. L'accord était accompagné d'une aide financière à la Turquie et de la relance de son processus d'adhésion à l'UE.

49. François Hollande dans *Les Échos*, le 29 juin 2016.

50. Discours de François Hollande, lors de l'inauguration du Musée national de l'histoire de l'immigration à Paris, le 15 décembre 2014.

51. François Hollande dans *Les Échos*, le 29 juin 2016.

52. Interview de François Hollande à *Society*, en mars 2015.

53. Préface de François Hollande à l'ouvrage *Le Moteur du changement : la démocratie sociale !*, Paris, Lignes de repères/Fondation Jean-Jaurès, 2015.

54. Discours de François Hollande lors de l'hommage national à Michel Rocard, le 7 juillet 2016.

55. François Hollande, entretien dans *Les Échos*, le 29 juin 2016.

56. Alain Rousset dans *Le Pari*, *op. cit.*

57. Sur l'ensemble des 60 points, qui représentent en réalité 189 engagements, le site Lui Président considère que François Hollande n'a brisé que sept promesses.

58. *Le Stage est fini*, *op. cit.*

59. Discours de François Hollande, lors du colloque « La Gauche et le pouvoir », le 3 mai 2016.

60. *Le Stage est fini*, *op. cit.*

61. François Hollande, entretien dans *Les Échos*, le 29 juin 2016.

Conclusion. « Nous, observateurs du quinquennat »

1. Sur *luipresident.blog.lemonde.fr*.

2. Ifop pour le *Journal du Dimanche*.

3. *Le Bon Gouvernement*, *op. cit.*, p. 391.

4. *Ibid.*, p. 390.

5. *Changer de destin*, *op. cit.*, p. 133

6. Voir *Le mandat impératif. De la Révolution française à la Commune de Paris*, Pierre-Henri Zaidman, Saint-Georges-d'Oléron, Éditions libertaires, 2008.

7. *Le Bon Gouvernement*, *op. cit.*, p. 162.

8. « Hollande, autopsie d'une présidence », *article cité.*

9. Entretien dans *Les Échos*, le 30 juin 2016.

10. Depuis 2004, il est possible pour les Vénézuéliens de convoquer un référendum révocatoire de mi-mandat à condition de réunir les signatures de 20 % de l'électorat.

11. « Manuel Valls : "On ne gagne pas une présidentielle sur un bilan" », *Le Journal du Dimanche*, Cécile Amar, 3 avril 2016.

12. *Changer de destin*, *op. cit.*, p. 21.

261440 (I) OSBALI 80° SOF_JME
Dépôt légal : octobre 2016
Imprimé en France
Imprimerie CHIRAT 42540 Saint-Just-la-Pendue
N° 201608.0259